U0830286

李季年谱

史建国 编著

作家出版社
全国百佳出版社

目　录

他活在我们中间（代序）

黎　辛

在我们的生活中，有些事情常常来得那么突然，那么意外，使人很难接受，李季同志的不幸逝世就是这样。事故发生的 1980 年 3 月 8 日上午我和他还见过面，谈过工作，但当天晚上我就听到这如晴天霹雳般的噩耗。最先告诉我这消息的是罗荪，我不相信，说：“是真的吗？”“不会吧！”事情是这么使人难以置信。跟着接二连三来了好几个电话，同样告诉我这个消息，葛洛的电话把李季去世的经过详细地告诉了我，他说：“我去医院和李季告别了！”什么？向遗体告别！我不相信，我不忍听，更不愿听，这是什么话？我无力地说：“我也去医院看看他！”葛洛说：“九点钟已把他送到太平间，看不到了。”看不到了，永远看不到了！就这样，我失去了我的好同志、好弟兄！几个小时之间，事情来得那么突然，那么意外，我的思想停滞了，感情凝固了。

三中全会提出实现社会主义现代化建设的宏伟目标，李季兴奋空前，更觉得要做更多更大的贡献。四次文代会以后，他负责中国作协的日常工作。工作繁忙，常常得不到休息，我见他精神很好，有时心想大概他的身体好起来了。他最后发表的作品是 1980 年 2 月 20 日登在《羊城晚报》花地副刊的《荆江铁女》。他说很忙，二百来行的诗断续写了七八个晚上才完成。怎么会想到这是李季在诗坛上最后闪耀！

我头一次见到李季是 1949 年春郑州解放后，我在刘祖春房间碰见他。他穿一身灰色粗布军衣，一看便知是自西北来的第一野战军的人。他军容严整，淳厚朴实，给人留下深刻的印象。祖春见我俩在他屋里碰着面不说话，奇怪地问："你俩还不认识？"接着介绍说："这是李季！""这是黎辛！"我俩都高兴地紧紧握手。李季拉着我说："你是我的老师，通信不少，还没见过！"我说："你是诗人，你才是老师！"

我在 1944 年前后开始和李季通信。那时他在陕北《三边报》，常向延安的《解放日报》投稿。当时我在《解放日报》副刊部做编辑，因为稿件的事和他常有书信往还。1946 年年底，我自延安撤退和他中断联系，那以后我们没有见过面，互相了解些情况都是经过《解放日报》驻三边记者站，想不到这次在郑州碰见了他。我问他怎么来的，他说："我是河南省唐河人，现在正解放河南，我要求组织调回河南工作了！"他说一口唐河话，我也是河南省人，听来倍感亲切。他又说："我很久就盼望见到您这位老师，想不到今天见到了。"我又说他是老师，我说的是真话，因为他是我最喜欢最尊敬的诗人、作家之一。他说我是"老师"，指的是我在《解放日报》发表他的作品，最早写文章向读者介绍推荐。这是我应做的工作。他这样的称呼使我很不安，我请他不要这样说，他说："您年长，那就叫您老大哥吧！"我说："好，您是老弟！"从这时始，三十多年我俩一直这样相称。

李季以李季、李寄、里计的笔名向当年的《解放日报》投稿，新闻通讯、小说都写。我当时是《解放日报》副刊编辑。最早引起我注意的是他 1945 年 9 月 12 日以李寄的笔名发表在副刊上的小说《老阴阳怒打"虫郎爷"》，副标题是《新编〈今古奇观〉》。他用朴实生动的口语、群众喜闻乐见的形式，表现三边地区群众扑灭害虫的事。

1946年，李季突然寄来了《王贵与李香香》。我读后惊喜异常，马上推荐给副刊部别的同志看。我拿给冯牧（《解放日报》采通部副部长），冯牧说好；我拿给刘祖春（《解放日报》副刊部主任），祖春说好。我说我写个介绍文章和诗同时发表吧，大家赞成。

诗的标题原叫《太阳会从西边出来吗？》，冯牧我们俩和作者商量改成《王贵与李香香》。于是我写了题为《从〈王贵与李香香〉谈起》的介绍文章，与《王贵与李香香》同在9月22日的副刊发表。《王贵与李香香》共分三章，约有千行，在《解放日报》副刊一天发表一章，连载三天，署名是李季。当时我写的介绍文章说："可以预测，这将是为广大读者所欢迎的好作品。"果然，它的发表引起了空前未有的强烈反响。《王贵与李香香》发排后，排字工人一边排字一边叫好，工人的情绪和字粒一起跳跃。

诗发表以后，报社社长博古同志立即问我："作者是什么人？"他说这首诗很有创造，很了不起，说着哈哈大笑起来。博古同志高兴的时候总是大声发笑。他很爱才，可很少说谁的文章好，凡说到报社的好文章，他都会高兴得像年轻人一样大笑。

26日，报社总编辑陆定一同志写了题为《读了一首诗》的推荐短文送交副刊部，28日在副刊发表。新华社立即将《王贵与李香香》和陆定一同志的推荐文章的新闻稿发往国内外。很快，李敦白把诗译为英文，延安新华广播电台将诗歌向国内外广播。据我所知，当时播发文艺作品这是第一次。

我把《王贵与李香香》发表后的反应告诉李季，祝贺他的成功，鼓励他写作更多更好的作品，并向他请教搜集和研究民歌的经验。他热情地把数年来搜集的信天游抄送我一份，有几十页纸，我十分珍视，一直把它带在身边当作珍品保存。后来在解放战争中，我不幸落马，丢掉了全部身外之物，这宝贵的资料也就失落在战争的硝烟中。

听说李季1945年在三边油印出版过《卜掌村演义》，我向他要来看看，原来是他自己用土纸刻印，约四十八开大小，是唱本形式的章回小说，以三边地区崔岳舜为百姓治病、破除迷信为基础，以崔岳舜为典型人物，书中改名为崔岳瑞。全篇六章，每章不到两千字，内容感人，文字生动，一派民族民间文艺气派。我们自1946年10月7日开始，在副刊一天一章连载。发表第一章时，我用编者按的形式写了《关于〈卜掌村演义〉》为题的推荐稿。

我非常喜欢李季的诗歌和小说。解放初，我们都在武汉工作，当时我兼作一个出版社的编委会召集人。我学习李季当年在三边印《卜掌村演义》的做法，把《老阴阳怒打"虫郎爷"》印成几分钱售价的小册子，使这篇小说成为普及读物。我觉得对李季的小说研究和评论太少了，就以《群众迷信敬神怎么办？》为题写了书评在《长江日报》发表。

李季1938年离家参加抗战时，是一个不满16岁的普通的初中一年级学生，自幼喜爱民间文艺。由于长期在群众火热的斗争中生活，使他获得了丰富的创作源泉和强烈的创作要求。1943年，他从太行山到延安，想投考鲁迅艺术学院，没被录取，被分配到三边地区做基层工作。他利用业余时间和极少的书报资料，刻苦钻研，终于熟练地掌握了创作技巧，运用民歌说唱、章回小说等民族形式，陆续写出了群众所喜闻乐见的作品。

1949年以后，李季担任文艺领导工作，仍然坚持深入生活，与群众保持密切的联系，不断从社会主义革命和建设的火热斗争中汲取营养。自20世纪50年代开始，他走遍全国石油矿区，参加了著名的大庆石油会战，写出了一篇又一篇反映生活的作品，如《菊花石》《杨高传》《向昆仑》《戈壁旅伴》《玉门诗抄》等名篇。

1949年后，他在武汉创办并主编了《长江文艺》，后来主编《诗刊》《人民文学》。他给青年作家看稿改稿，关心帮助青年作家的成长。我们在武汉一起工作时，开会讨论最多的问题就是如何培养青年作家。

我第一次见到李季时，他穿着布衣布鞋。三十年后的今天，他去世的那天，仍是穿着布衣布鞋，只不过在飘雨飞雪的春寒中，多披了一件草绿色的军棉大衣。

李季几十年如一日，克勤克俭，艰苦朴素。他一直保持延安时代革命战士的生活作风。他为人民勤勤恳恳地工作，却不要求给予他什么特殊享受，我想他该像鲁迅说的“吃的是草，挤出的是牛奶”吧！

人们对失去的东西往往有着强烈的眷恋、怀念。这些天我都在想着李季的表情动作，背诵着李季的文词诗句。回忆起我和李季认识、接触、通信、交往的情景……我想着他，也想着郭小川、陈笑雨，想着几十年来许多和我们在文艺战线上并肩战斗、共同前进的战友、同志。我一生都会记挂着他们。

年　谱

发源于伏牛山系的赵河与潘河汇成唐河。唐河水自北向南经唐河、新野、湖北襄樊入汉江。明末，一姓祁名仪的人在唐河东岸的小镇上住下并开了个小饭馆，祁仪镇由此得名。

老李家的先祖早年间是从山西过来的。李季原名李振鹏，出生前，父亲李克明、叔叔李克中在距祁仪镇东南十二里的一块岗坡上种地四十八亩。此处很早有个叫“孙而不义”的小村，因这一带的岗坡石多土少，地太薄，住户纷纷迁走，很多年都寂寂无人。李家兄弟来此耕种后也仅有老李家一户，故被称作“李家小庄”。

“李家小庄”在桐柏山脚下。桐柏山生长着又高又密的榆树、槐树、柳树、楝树，不定什么时候林子里就钻出些土匪，十几人、几十人甚至上百人，抢东西绑票杀人。地薄加上匪患，1919 年，兄弟俩将树砍了，门摘了，农具卖了，准备把家搬到桐柏山余脉西麓豫鄂两省交界处的祁仪镇。

“李家小庄”的地好不容易才找到一户肯代耕的，对方的条件是要先给买头牛。李克明与弟弟一合计，买牛就买牛，说啥也不能再守这块老娘土了。

祁仪镇窄仄的道旁挤着些灰黑色的店铺，很多从山里来的农民在店铺前的土路上卖柴草。一下雨泥水四溢，镇子里乱糟糟的。

李克明以卖农具等家什的一百六十串铜钱为本，在祁仪正街南头开了个售草绳、碗筷、鞭炮、火纸、酱醋油盐的小杂货铺，号“德顺昌”，但街里没人这么叫，打发孩子买东西都说是上李家小铺。

李克明读过四年私塾，算盘扒拉得飞快。铺子早期由李克明兄弟俩经营；不久，振鹏的大哥李振三也参与进来并成了主要的经营者。

镇上那些大点的商家瞧不上李家小铺：“什么‘德顺昌’，不过是上不了字号的‘眼子户’。”但镇上人对李家小铺有好感：店主为人谦和，公平买卖，邻里们给李克明送了一个“李仁义”的绰号。

著名哲学家冯友兰1895年生在祁仪镇。冯家祖籍山西高平。康熙五十五年（1716），冯家先祖冯泰来唐河做生意并定居祁仪。冯家农商并举，产业很大，是祁仪的望族。冯家大院在镇东北角，李家小铺在镇南头，相距不过四五百米。

都说祁仪风水好。祁仪地处河南、湖北二省四县边缘。站在镇南的山上往下望，小镇呈负阴抱阳之势。拥山面北，三河环绕：东面是祁河，西面是仪河，二水北流至镇外汇成清水河。清水河向西流入唐河。“山环水抱必有气”，这样的地形近光、避寒，聚气、藏风，也有利于泄洪和灌溉，更兼有“左青龙右白虎”——两旁丘陵岗地的环拱，真个是“一水护田将绿绕，两山排闼送青来”。

祁仪距唐河县城五十五里，距黑龙镇三十里，李家小铺进货大都去祁仪西南的黑龙镇。黑龙镇不通汽车，四方的货物都是用木船沿唐河水运来。

铺子开始时是小本生意，用担子到黑龙镇挑货；境况好一点了，就使一个老牛拉着轱辘包着铁皮的木轮车；到了20世纪40年代初，生意越发好了，还与别人搭伙在左近开了字号为“同兴长”的小店，卖盐兼着收棉花并经营些布匹。

1922年出生：

8月16日生在祁仪镇。他排行老四，有两哥一姐。父亲李克明给这个老生子起名李振鹏。振鹏打出生就闹病总也不好，镇上很多见过这孩子的人都说怕是不行了。

芝麻叶上锅蒸，晾干后可放数月，煮面时丢在锅里当菜。一日晌午，母亲李氏要领着闺女媳妇们下地掐芝麻叶。李克明看着皮包骨、一点动静也没有的病孩说："我看这娃真是快不行了。你们抱上他，要是掐完芝麻叶还不睁眼，就搁河滩草窝里吧。"——那时镇上除了有钱的富户，一般人家的小孩死了都不棺葬，就往野地里一扔。

李氏哪里舍得，到了芝麻地把孩子放在树荫下已干枯了的勾勾秧上。掐完芝麻叶要回家了，闺女振芝跑过来一看，对娘喊："动弹了、动弹了！就是不哭。"李氏抱起孩子就往家走。到街北头，一个玩风哨（蟒蛇）的迎过来，问这娃咋了，让他瞧瞧。他拉开病孩的左手瞅了好一阵子，说："这娃死不了，日后打功名吃饭呀。"

李氏听了很感安慰，到家把"打功名吃饭"的话说了。这以后李克明给振鹏起了乳名"小蒿子"，有两层意思：振鹏又瘦又小像根草，是家里最小的老儿子。李氏去河边洗衣洗菜、到地里捡麦穗都带上振鹏。李氏给他讲桐柏山里的故事和凤凰姑娘飞上天为百姓取火种的传说，他这一生每忆起母亲时心里都是暖暖的。

1930年8岁：

春，在祁仪镇唐河县立第三小学读书。

1931 年 9 岁：

振鹏 9 岁那年，46 岁的母亲李氏突遭暴病而去，振鹏大哭着扑到妈妈身上。

1933 年 11 岁：

父亲给他找了个后娘，叫廉永明。后娘蛮横，脾气大，孩子们背地里叫她“糊丑”（不讲理）。后娘很嫌弃振鹏，一次吃饭时振鹏边吃边看书，后娘一巴掌重重地打过去，他差点向后翻倒。

长嫂如母，倒是大哥振三的媳妇性情和善，振鹏的衣服都是她给做的。有回他上邻村看书又忘了时间，家人等到很晚。他回来时父亲真急眼了，举手便要打，是嫂子护住并把他给拉走。

后娘虐待振鹏，这给振鹏幼小的心灵造成很大创伤。他后来去小学教书，长时间待在学校里不愿回家。

1935 年 13 岁：

春，创作诗歌《砖墙上的诗》，未发表。振鹏上五年级，最好的功课是国文，历史、地理也学得不错。喜欢看旧小说，知道很多历史故事。因此，学历史比较容易。

1936 年 14 岁：

夏，创作诗歌《不平》，未发表。

1937 年 15 岁：

夏，在河南南阳敬业中学读书。振鹏在南阳上了一年多初中，因敌机轰炸学校停办，他回到祁仪。振鹏说：他在南阳上初中，有一位语文老师姚雪垠，教过他的课，他对姚雪垠老师很钦佩。在姚雪垠老师的影响下，对文学有了更为浓厚的兴趣。

秋冬，由中学退学后，他一个人在镇子上搞了两三个月的墙报宣传工作，自编、自写、自己张贴，宣传抗日救亡。冬季和一些同学一起，进行了一些有组织的宣传活动，集体学习、编墙报、演戏等，这些活动都是在黄子瑞老师领导和鼓励下进行的。

1938 年 16 岁：

上半年，在河南唐河祁仪镇南李庄小学教书。为启发学生们的抗日救亡思想，李季教他们“读活书”。当时他担任三、四年级国语和全校的体育课教学工作。他抛去课本中那些没有现实意义的课文，从进步报刊上选了不少的抗战文章，叫学生抄读。如《自掘坟墓》一文：“日本军阀破坏和平，一心要把我国欺凌，却不知道这是自掘坟墓……”冯玉祥的抗战诗歌《吊佟赵》，臧克家的诗《从军行》《血的春天》，通俗读物出版社的《八路军出马打胜仗——平型关大捷》，还有楼适夷起草、茅盾等签名的《致周作人的一封公开信》和《日寇血洗南京》……通过对这些反映现实、生动有力的文章的学习，小学生的思想觉悟大大提高。

为帮助农民识字，李季积极推行人民教育家陶行知所倡导的“平民教育”。他亲自编课文，把二十多个三、四年级学生组织起来当“小先生”，抄课本，每天午饭后、上课前这段时间分头到附近几个村里去教农民识字。要求每个“小先生”必须教三至五人识字，并会讲会背。每篇课文字不多，但很通俗，如“血！血！中国人流血！”“日本军阀太猖狂，一心要把中国亡；强占我国好河山，奸淫烧杀又掠抢”“中国人民四万万，历史悠久五千年；只要团结把日抗，最后胜利定属咱”……这样的“小先生”活动效果很好，深受农民欢迎。少年袁永昌四个月就识字一百多个，壮年陈万富高兴地说：“这个小李先生真好！叫俺这乡老晕也能识得字，懂得国家大事了。”

为了广泛开展抗日宣传，李季还组织四年级学生编写了《救中国》壁报，每周出一期，张贴在祁仪镇大街墙上。内容丰富多彩、短小精悍，有新闻、短文、诗歌和漫画。如有一篇题为《台儿庄大战，歼日寇两万》的新闻，全文仅一百五十多字。《抗日救国，人人有责》《抗日战争必须是持久战》两篇短文均未超过三百字。诗歌通俗，多是顺口溜“打油诗”，像李季写的：“大家看，大家瞧，日本鬼子太残暴；南京城里大屠杀，杀我无数好同胞……同胞们！起来干！此仇不报非好汉；坚决抗战打鬼子，血债要用血来还！”

漫画是紧密结合时事的，记得学生赵子方在李季思路指导下画的《日本鬼子滚出中国去！》一画，画面上有工农兵学商五个人，英姿焕发，同仇敌忾，高举抗日旗帜，手持斧头、刀枪、手榴弹，怒向一个头部受伤、胳肢窝挟住太阳旗、手捂着屁股、探腰弓腿、狼狈逃窜的日本兵杀去。群众看了赞不绝口，都说画得好。为按时编出《救中国》壁报，李季常常是废寝忘食地改稿、写新闻简要……就是星期天他也不回家，总是在校指导学生认真编写。那时学校没有“起火”，他一个人做饭吃。有一天快 12 点了，学生说：“李先生！你不是说有病，早上就没吃饭，现在天已晌午，怎么还不做饭？”他笑笑，若有所思地说：“没关系，有办法！”果真，不一会儿，他侄子李寅棠从家里送来了一篮子干面条和馍。这时李季风趣地说：“好！有了救兵，我的送粮官来到。”当时，学生们都哈哈大笑起来，真有意思极了。

4月的一个星期天，李季带领学生打着一面“李庄小学慰问前方抗日将士募捐队”的红布旗，跑遍了附近六个村，向富户们劝募捐款。每到一户先唱几支救亡歌曲，如《松花江上》《义勇军进行曲》《大刀进行曲》《救亡进行曲》《七月初七》等。特别是李季仿《满江红》自编的《七月初七》，激昂、愤慨、动人，原词是：“七月初七，日寇在卢沟桥演习，发兵占我冀、察、绥，又来进攻我山东、山西。各地里奸淫烧杀又掳掠，不讲理。同胞们，联合起，今日要出口气。有钱出钱有力出力，有枪拿来上火线，组织起来打游击。把日本强盗赶出中国去！”歌唱后，李季即开口宣传说明来意，劝富户们捐款爱国抗日。当时有个开明乡绅黄广亭深受感动，慷慨解囊，一户就捐十元。那次募捐由于李季亲自领队，方法得力，共募捐款五十多元，大家非常高兴。李季不顾疲劳，于当天夜里就写好慰问信，次日趁午休时间冒雨赤脚到祁仪邮政所，将信和汇票挂号寄往西安“国民革命军第八路军驻陕办事处”收转前方抗日将士。

据李季的学生回忆：“为唤起群众全民抗战，李季从三、四年级挑选十二名学生，成立了‘儿童剧团’。他指定叫我当团长（实际上我什么也不会，全靠李季导演、选编节目），有时他也当演员。我们的剧目主要是大唱救亡歌曲、说鼓儿词和演小歌剧。我们会唱二十多首歌，群众听了很受感动。如每次唱《流亡三部曲》和《难民哭五更》时，许多听众都流下了眼泪。当我们唱‘向前走，别退后，生死已到最后关头；同胞被屠杀，土地被抢占，我们再也不能忍受’‘我们都是神枪手，每一颗子弹消灭一个敌人……我们生长在这里，每一寸土地都是我们自己的，无论谁要强占去，我们就和他拼到底’和‘到敌人后方去，把鬼子赶出境’时，听众们激动得高呼：‘坚决不当亡国奴！’‘打倒日本帝国主义！’”

鼓儿词节目有《大战平型关》《赵登禹死守南苑》《最后胜利一定属于我们》等，都是李季说唱的。说唱时，他一手夹两块铁片“当啷！当啷！”一手“咚咚”地敲鼓伴奏；口中不停地说唱。场内一会儿鸦雀无声，一会儿掌声不绝。老乡们纷纷赞扬：“小李先生俏极了！他啥都会。”

他们所演的歌剧有《新小放牛》《送郎上战场》《报告指导员》。开始排演时，李季叫一个学生男扮女装，这个学生害羞就问他：“为啥光叫我当女的？”李季笑着说：“为了抗日。我看你长得精灵，演女的最合适。”

据李季的小学老师黄子瑞回忆：“在抗日救亡高潮的鼓动中，振鹏的思想愈来愈进步，有了终身干革命的要求。到放假前，他向我提出，想往延安学习，要求我帮助他，我慨然应允。那时一个青年人想往延安学习，要步行千里，跋山涉水，要经受生活的艰苦磨炼和国民党反动派的盘查刁难。另外，也还需要有我党地下组织的介绍，才能受到延安的接待。我去枣阳县北部农村找到我党的老党员黄民彝同志，请她做介绍，民彝同志以她个人的名义给西安七贤庄八路军办事处熊天荆同志写了一封信，振鹏同志是拿着这封信出发的。临行的前一天晚上，我为他饯行。当时既不能大张旗鼓，也无力置办酒筵，只买了两样点心，配着一壶热茶，两人面对在棉油灯下，吃着、喝着、谈着，回忆既往，瞻望未来，有说不完的话在心头涌着。一直谈到更深夜静，街上没有行人，我才送他回家。临分别时，我握着他的手，嘱咐说：‘振鹏，为抗日救亡，为革命事业，振翼高飞，鹏程万里！’”

7月，李振鹏由家乡动身，经南阳、洛阳到西安七贤庄八路军办事处，很快便被介绍去陕西洛川抗大一分校学习。

11月26日，在陕西洛川抗大分校由中队支部书记苏牧、排长李文轩二同志介绍入党，候补期为半年。

12月，在陕西洛川抗大分校学习。年底，由陕北经晋西、晋中的介休等地过封锁线，开往晋东南抗日根据地。

1939年17岁：

春，在晋东南长治、潞城一带的村子里驻训和学习。

4月，抗大一分校迁到晋东南抗日根据地。

5月，学习还未到期，还差两个月，李季就被调到游击大队当文书。

7月，因敌人发动“扫荡”干扰，李季随一分校转移到太行山中。

10月间，据李季八路军的老战友吴象[①]回忆：“一天，收到李季（当时叫杜寄）的信说游击队要编到警卫团来，得知我和文迅、许善述都在团部，希望和我们见面，同我们一起‘研究’文学。”吴象还清楚地记得：“那天很冷，我们三个围着火炉读信，心里热乎乎的。我们立即联名写了回信。这样，文迅、善述和杜寄还没有见面就互相结为好友了。杜寄和我们三人一样，爱好文学，但似乎比我们更专注，更刻苦，要同我们交往也更主动。”（吴象回忆录）。

“当时李季的营部在浊漳河下游半山腰上，离我所在的连队十来华里。当我和许善述走进他所住的院子里时，看见他正坐在屋子里面，伏在八仙桌上写东西，没有注意到我俩走进去，等到发现时，才赶紧站起来，向我们打招呼。许善述把我介绍给他认识后，他那被太阳晒得有些黧黑的长方脸露出了极其喜悦的笑容。寒暄了一会儿后，他便转过身去，把放在桌上的一篇文章递过来给我俩看，要我俩提出修改的意见，然后便瞪着两只明亮的大眼睛一直瞧着我俩，

① 吴象，1948年奉调筹备《山西日报》，担任《山西日报》总编辑期间，跑遍了山西所有的县。后任安徽省委副秘书长、中央农村政策研究室副主任等职。出版了多本关于中国农村问题的专著。

期待我俩看完发言。”（抗大学员文迅的回忆录）

12 月，李季与其他学员都被分配到敌后，他先后担任八路军游击大队副指导员、八路军总部特务团三营指导员。据资料记载，李季埋地雷很有经验，吊雷、跳雷、子母雷都被他安排得既隐蔽又非常有效。他带领战士和民兵游击队割电线、炸碉堡、破坏交通，战绩十分出色。

在战斗间隙，李季一有空就编写说唱段子和写作通讯报道、战场见闻类散文等“豆腐块”文章。

1940 年 18 岁：

1 月 1 日，在朱德总司令、彭德怀副总司令的直接关怀下，“晋东南鲁迅艺术学校”在八路军前方总部所在地武乡县王家峪村邻近的下北漳村正式成立，李伯钊为校长。朱德亲笔为《鲁艺校刊》题写刊名，彭德怀、左权、罗瑞卿等曾亲临学校讲课。为区别于 1938 年在延安成立的“鲁迅艺术学院”，“晋东南鲁迅艺术学校”简称为“前方鲁艺”“晋东南鲁艺”或“太行鲁艺”。

“前方鲁艺”下设戏剧、音乐、美术三个系，设有校务委员会、党支部、文学研究委员会、教务与总务处、实验剧团和京剧团等机构，在教育内容和教学方法上也较民革艺校有所提高，更加完善。

1 月至 4 月，李季仍在太行山八路军总部特务团工作。

5 月，李季由特务团调至中共中央北方局党校。开始时担任校部的指导员，负责管理学校工作人员和勤杂人员，后改为学校教育科的教育干事。李季和文迅经常通信，隔两三天就有一封，寄习作征求意见，并同文迅交换读书心得。（吴象：《党的战士和诗人——李季》）

秋至 1941 年年初，李季参加了百团大战。当时，他在中共北方局党校先后担任运输大队指导员、教育科干事。

1941 年 19 岁：

百团大战期间，李季在山西辽县任中共北方局党校运输大队指导员、教育科干事，担负给养运送的任务，辗转于晋东南多个游击区。那时，前方的八路军部队生活极其艰苦，过冬的棉服、棉鞋都只能部分解决，李季为了照顾战友，连续两年冬天没领新装，把自己那一份给了战士。太行山区交通靠双脚，运输靠牲口驮和人背肩扛，李季与战友们整日跋涉于山岭和河滩，行走在冰冷湿滑的崎岖道路上，常常是鞋磨烂了，脚也磨破了，石板上印下脚板的血痕，这时李季就在山间找来些软草垫在鞋里。宿营时，他还要在夜半起来给牲畜添草料。

李季在《那时候在太行山》一诗中曾写过这样的句子："太行山的石头真是硬呵／多少人的鞋底都被磨穿／每走一步留下一个血印／青石板上血迹点点……南北征战走了何止万里路／心里总也忘不了太行山的那些年"。

1942 年 20 岁：

到"前方鲁艺"学习的念头一直缠绕着他。他把自己的想法告诉了北方局党校的秘书长杨献珍。开始并不抱太大希望，没想到杨献珍表示理解并很快就同意了。

年初，春节还没过，晋东南抗日根据地的"前方鲁艺"已开始招生。腊月寒冬，李季背着行李来到鲁艺驻地，进入该校文学研究班（即文学系）学习。

2 月，开学不久，正赶上日寇的"二月扫荡"。鲁艺师生大多被派往辽县、武乡和黎城三县衔接部的各区、村，帮助组织民兵反扫荡和坚壁清野工作。在紧张的反扫荡战斗中，李季与彦涵、苏云、邹雅等“前方鲁艺”的同学并肩作战，并成为一生的好朋友。战斗间隙，李季还在陈默君、冈夫、蒋弼等的指导下，经常利用点滴时间抓紧学习和进行文学创作。

日军“二月扫荡”过后，李季参加“前方鲁艺”组织的慰问团。回到鲁艺学校诞生地武乡县下北漳村，慰问刚遭受敌人扫荡的乡亲，帮助村里写标语、画壁画，并开展文艺演出，极大地鼓舞了乡亲们的勇气和信心。

4月，根据1939年在抗日游击队的生活经历和陆续积累的素材，构思小说《破晓》。李季想模仿法捷耶夫的《毁灭》，写各式各样的人物参加游击队，在战斗中被改造、锻炼成八路军战士，终至形成八路军一个连的过程。写出了提纲和一些片段后，搁置下来。

5月，李季在“前方鲁艺”学习期间，亲历了最为残酷的“五月大扫荡”。新中国成立之初曾任北京“荣宝斋”首任经理的侯恺，是李季在“前方鲁艺”时的同学兼战友，他在晚年的文章中回忆道:“为避免敌人冲上来被一网打尽，（学校）把现有的人分散成若干小组，分头隐蔽。各组都相距不远，还可互相观望招呼。我和李季等四人卧伏在一个山头上，李季是支部组织委员、文学系的学员，我是支部民运委员、美术系学员兼教务干事，所以还得照护其他同志和同学。我们几个人卧伏在一起，脚蹬脚，头向外，分别各自观望着一个方向，如果发现哪一边敌人有动静，就用脚踹踹其他同志低声告诉对面敌人的活动情况，以提高警惕，紧紧监视敌方。可是就在这种情况下，我们这些‘捣蛋鬼’仍在低声地说着笑话。”

“五月大扫荡”中，“前方鲁艺”师生突围的队伍被敌人冲散，李季在一个山沟里遇到了彦涵老师的爱人、学校教务处干部白炎，当时李季就带着她一起突围，但是她的体力渐渐跟不上李季的步伐，李季只好找了一个山洞，把她安顿在洞内。日军的机枪就架在山洞上方扫射，山上的土砾就顺着洞口“噗噗”地往下落，白炎藏在洞中则平安无事。

李季的次子李江树这样说："父亲当时在'前方鲁艺'跟着八路军总部一起转移突围。25 日下午，左权将军率队突围到十字岭时，敌人的一颗炮弹打来，左权将军的左额、前胸和腿部都被弹片击中。左权曾在苏联留学，是八路军中的儒将，他有一套二十卷的《鲁迅全集》，行军时别的东西可以轻装，但这套书他一定让警卫员带上。左权牺牲时，父亲就在距离左权将军不远的地方，他看到左权倒下，右手还紧握着左轮手枪；炮弹爆炸后，满天飘飞着《鲁迅全集》的书页，父亲走过去捡拾起来。"

6 月，"前方鲁艺"师生中曾流传过李季的一个笑话：那时，李季经常随学校在夜间行动，几次都是刚出发不久就感到夜盲症发作得十分严重，摸黑行走非常困难。他曾听人说过，是因为好久吃不到油腥，才会出现这种症状。一天夜里，敌人刚退走后，李季与战友们就走进一个村庄，想从老乡家买点吃的，可是喊了半天也没有人应。在一户老乡家里，他看到灶台上有个小油罐，里面还有点油渣底，便端起来一饮而尽，然后把两元钱压在油罐底下。他满以为这下可以治好眼疾，不料未过半天就拉起肚子来了。这几口油渣不仅无益于身体，反而造成亏损。

9 月 18 日，在武工队护送下，李季和战友们从晋东南出发，经晋中日寇占领区同蒲铁路等封锁线，一直走了三个多月，年底到达延安。

在路途中，他根据自己的感受，写作了通讯《在破晓前的黑夜里》，署名李寄。（发表于 1943 年 1 月 12 日《解放日报》四版头条，见报时编辑把标题改为《在黎明前的黑暗里》——这是他第一次发表的文字。）

12 月，李季到达延安。

1943 年 21 岁：

1 月，李季在延安。到“延安鲁艺”上学一直是他的愿望。经请求，上级同意他以“晋东南鲁艺”学员的身份报考“延安鲁艺”。

“从哪儿毕业？”

“在老家上过一年初中。”

“读过些什么书？”

“《说唐》《水浒传》《忠烈小五义传》。”

老师暗笑——他接待过的很多青年读过的可是《包法利夫人》《安娜·卡列尼娜》……经面试和他递上去的自传，校方认为这个年轻的小伙子文化水平偏低，达不到入学水准。

《解放日报》编辑黎辛于《他活在我们中间》一文中写道：“1943 年，他从太行山到延安，想投考鲁迅艺术学院，没被录取，被分配到三边地区做基层工作。”

李季在《三边在哪里》一文中回忆了当时的情景：“头一年冬天我随一支部队从太行山到延安，满心想着能在一个什么学校里认真读点书，好好学习几年。想不到从这个招待所搬到另一个招待所，末了我被通知说：到三边去当小学教员。”

1943 年 1 至 2 月，他住在“鲁艺”招待所等待重新分配工作。这期间他常与“鲁艺”演剧队在一起并帮些忙。某日演剧队在操场练习时，文学系四期学员贺敬之见到演剧队中有个生面孔，有同学给他介绍说这是李季，双方互相点了个头。

虽未被录取，李季在《我的经历》中写道：“1943 年 1 至 2 月，在延安鲁迅艺术学院学习。”——在延安待了一个月零几天，他确实“学习了”：他感受了“鲁艺”的抗战和文化气氛；他上过旁听课；“鲁艺”演秧歌剧，他多次给演剧队挑道具箱。

3 月，李季由西北局组织部分配到陕北三边（陕西、宁夏接壤的靖边、定边、吴旗、盐池四个县）做乡村基层工作，先担任小学教师。李季写道："这可真是一个理想的工作岗位。直到今天，我还用留恋的心情回味着这段生活。这个半似城市、半似乡村的县城，本身就是一座再好不过的革命历史博物馆。比这更重要的，倒是那些在城里工作、生活的机关干部们、农民们，和我的那些有的甚至比我还大一两岁的学生们。他们不但是历次革命战争的目击者，其中不少人还是当年红军的战士、指挥员，或者是手持梭镖、红缨枪的赤卫队、少先队员。学生们对我指点着红军最先从哪里爬上城墙，白军在哪个炮楼里死守。他们讲得生动而又逼真，我还听过他们唱土地革命时代的民歌，讲土地革命时代的革命故事。"（李季：《戈壁旅伴》）李季到镇靖完小教书时就开始收集民歌，但他说，这时对民歌的认识是肤浅的。

春，创作诗歌《生活在春天的孩子们》，并完成小说《退却》的创作，但这两篇作品都未发表。还有一篇散文《寄八连的同志们》。

这期间，龙州黄三山带领徒弟孙光昭等在镇靖老爷庙唱了三天大戏，李季场场不误，同时观看的还有靖边名流杜芝栋、同事姚以壮等。看完后，李季大加赞赏。李季说："三边真是块宝地，我原来只知道荒凉的三边孕育出中国民歌之冠信天游，想不到还蕴藏着中国戏剧的活化石。"

李季在小学任教时，曾以杜芝栋为师，每有新作必念给他听，杜芝栋也总是热心不厌其烦地帮助他修改。后来，李季在与姚以壮回顾自己的创作道路时，称杜芝栋是最好的启蒙教师。

李季后来任县、区干部及地方石印小报编辑。这期间，他坚持文学创作，写了不少通讯、诗歌和小说，并在《解放日报》等刊物发表。

8 月，在三边地委整风训练班参加整风审干。

9 月，李季结束在镇靖完小的教书生活，调至定边参加整风训练班。著名长篇叙事诗《王贵与李香香》是在靖镇完小教书时开始酝酿的。诱发李季创作冲动的事件是一个简单的故事：一天李季在靖边县委听苏奋同志讲，在刘志丹领着红军打靖边县城的时候，不少青年纷纷要求参军，其中一个男青年态度非常坚决，但因为他未婚妻的父母不同意，意愿无法实现，于是这对青年男女相约偷偷逃跑，去参加红军。后来女青年被家里人捉回，打得死去活来，可是她态度非常坚决，捉了逃，逃了捉，终于两人一起参加了红军。李季听了这个故事后，几乎惊呆了，开始打算用小说形式来表现这个故事，但总是集中不起来，苦恼着无法下笔。

秋，写作通讯《在汾河平原上》，未发表。

11 月，李季在靖边县被“抢救”了一番之后，又于春节前被送到定边三边地委办的整风训练班“学习”。训练班设在三边公学的校园里。当时的三边分区管辖着吴旗、靖边、定边、盐池四个县，调在一块被“抢救”的青年共有五十多人，在训练班上都经受了不同程度的围攻和逼供。李季对于那样的“抢救”很不以为然，经常发一些牢骚。整风训练班的气氛虽然很“森严”，但是被“抢救”的一班青年人却没有因此而悲观、消沉。

李季照样忙碌地收集民歌，他一有空就鼓动一些人唱起来，自己则边听边记。一次，定边南山的一位区干部唱了一首顺天游：“山丹丹开花背洼洼开，有那个心思（你）慢慢地来。”李季听了高兴得一拍大腿，说：“真是深山出俊鸟呀！我们要向人民群众学习，人民生活是‘灵感’的泉源。”

1944 年 22 岁：

1 月 24 日，写作通讯《深井村的识字组》，这篇报道是李季代表陕北盐池县乡干部周培基所写，署名周培基。发表于 1944 年 1 月 24

日延安《解放日报》。

春，写作通讯《李兰英怎样教娃娃识字——介绍一种新的社会教育形式》。

李季在三边地委整风训练班整风审干结束后调到三边专员公署教育科任科员。具体工作是编写农民识字课本、到各县检查小学教育工作。在这一过程中，李季加深了对三边人民的了解，对民歌产生了强烈的兴趣，并不间断地进行民歌的收集。辑录得最多的是“顺天游”（在陕北三边一带，这也是主要的民歌形式），李季说：“人民，劳动人民是有无可限量的艺术创作才能的。这一真理，只有在这时候，我才不仅在理论上，而且在感情上认识了它，也是在这时候，我才真正发觉了自己的浅薄无知。小资产阶级的那种自大狂，是丝毫根据也没有的。”（李季：《我是怎样学习民歌的》）

《三边报》记者刘山回忆说：“李季在1944年前后已成了一个出口成章、提笔成文的作家了。他当时著有《卜掌村演义》《老阴阳怒打“虫郎爷”》等，这些作品在三边有很大影响。1945年，我们在一起办《三边报》，陕北当时处于一个相对和平时期，李季除了办报，每晚读书写稿到深夜。我记得他的布背包里经常装着两本书《贵族之家》《猎人日记》。他一有空就读啊、读啊，读得那么认真。那时书籍奇缺，因为我是当地人，我给他找到《唐诗三百首》《白香山词谱》《水浒》等。他如获至宝，真是孜孜不倦，他不但读，有时还放声朗诵。当时在一起工作的一位不满二十岁的年轻人为李季哼了一首‘顺天游’：灯瓜瓜点火半炕炕明。李季经常读书到五更。”

8月，写作通讯《盐池二区五乡文教工作活跃》。

8月15日，通讯《李兰英怎样教娃娃识字——介绍一种新的社会教育形式》在延安《解放日报》发表，署名李和春。①

---

① 这篇报道是李季为李和春代写的。

9月6日，通讯《盐池二区五乡文教工作活跃》在延安《解放日报》发表，署名李寄。

1945年23岁：

7月，在三边专署教育科任科员。

7月20日，小说《救命墙——三边民间传说》在《解放日报》上发表，署名里计。

8月，写作通讯《复员军人赵连秀》，未发表。

秋，李季调任盐池县政府任政务秘书。

9月，李季奉调到三边的西北门户盐池。行前，正带着学生在定边深入生活的鲁艺美术教员，后成为著名书法家的陈书亮写了《定边留别》为李季送行："风急天高月似钩，归装草草马啾啾。十年抱璞轻生死，午夜磨刀问斗牛。浊酒一杯燕市曲，黄沙万里玉关秋。相期珍重如椽笔，横扫中原写自由。"

9月12日，以李寄的笔名在《解放日报》副刊上发表小说《老阴阳怒打"虫郎爷"》，表现三边地区群众扑灭农作物害虫的斗争故事。

11月，酝酿三年多的长篇叙事诗《王贵与李香香》构思成熟，利用业余时间开始在盐池县四墩子村写作。

12月，完成长篇叙事诗《王贵与李香香》的创作。当时的题目为《太阳会从西边出来吗？——三边民间革命历史故事》。作品完成后，李季念给盐池县的一些区乡干部听，征求他们的意见。（李季：《我的写作经历》）

这首三部十三章、近七百行的长诗，故事生动曲折，结构严谨完整，采用陕北民歌"顺天游"的形式，非常适合普通群众的审美要求。诗中通过主人公王贵与李香香生动鲜明、十分丰满的艺术形象，真实反映根据地人民的斗争生活，歌颂革命青年的纯朴爱情，给人们的精神世界带来崭新气息，在诗坛产生了广泛的影响，被称作“毛泽东《在延安文艺座谈会上的讲话》发表后的诗坛最早的硕果”“诗歌创作上的重要收获”“解放区诗歌的代表作”，是中国叙事诗发展的一个重要里程碑，标志着中国新诗发展进入一个新阶段。

1946 年 24 岁：

4 月，李季调三边地委宣传部任《三边报》社长，从那时起，他的健康情况便出现很多问题。

夏，李季将诗改编分段在《三边报》以《太阳会从西边出来吗？》为标题连载，区乡干部、老百姓甚是喜欢，纷纷要求增印。然而他将稿子投给《解放日报》时并不顺利，编辑没太认真看；另外也觉得太长，稿子被顺手搁在一边了。

秋，写作小说《寡妇断根》（片段），未发表。

9 月 22 日，李季长篇叙事诗《王贵与李香香——三边民间革命历史故事》在《解放日报》分三天载完。同版登出解清（黎辛）的评论《从〈王贵与李香香〉谈起》。评论说，用“信天游”形式描述如此丰富内容的作品，还是第一次看到。它题材新鲜，风格简明，极生动地为我们描绘了一幅边区土地革命时农民斗争图画。李季在陕北盐池县政府工作，喜欢文艺，抽空写些通讯、小说和诗歌，用“里计”“李季”“李寄”等笔名投稿。1944 年在《解放日报》发表《老阴阳怒打“虫郎爷”》和去年在三边石印的《卜掌村演义》，都获得读者称赞。

9 月 28 日，陆定一在《解放日报》发表诗评《读了一首诗》：“我以极大的喜悦读了《王贵与李香香》。自文艺座谈会以来，首先表现出成绩的是戏剧。《兄妹开荒》传遍全国，《血泪仇》《保卫和平》等秦腔戏出现了，新式歌剧《白毛女》出现了。戏剧真正到大众里面去了。其次是木刻，采取了中国气派，在全世界有了地位。小说和说书来得晚些，《李有才板话》《吕梁英雄传》《抗日英雄洋铁桶》《李勇大摆地雷阵》等获得了广大读者。韩起祥编了许多本子，显出民间艺人惊人的天才。来得迟的是诗。《王贵与李香香》用丰富的民间语汇来作诗，内容形式都是好的。在外面有袁水拍先生，现在我们这里也有了。文艺运动突破重重关，孟晋不已。出来了新的一套，出来一批新的人物。新的文化在一个一个地夺取旧文化的堡垒。不把几千年来的封建文化所筑下的无数堡垒一个个地夺取过来，并建立起新民主主义的文化堡垒，那就不会有新的社会。谢谢毛主席，他给我们指出了道路。谢谢领导文艺工作者走毛主席的路线的许多同志，他们的努力有收获。”

《解放日报》10月5日发表《编者的话》：“9月27日本刊登了乔木同志的一个建议，要求写文章的人，今后写得‘短些，再短些！’第二天我们碰巧有了一篇很好的典型——陆定一同志的《读了一首诗》。这短论不过八百多字，内容却丰富得很，对《王贵与李香香》这首新诗有了充分的估价，同时将八年来中国人民文艺运动的成绩，很好地总结了。这实在是一篇好文章。”

《王贵与李香香》问世后，在全国文艺界产生了强烈反响。

郭沫若说：“中国的目前是人民翻身的时候，同时也就是文艺翻身的时候，这儿的这首诗，便是响亮的信号。”

周而复赞道：“一颗光辉夺目的星星，从西北高原上出现，这就是《王贵与李香香》。”

贺敬之说：“李季确确实实是诗歌新园地上的一位开拓者。他的经久传诵的杰出的长篇叙事诗《王贵与李香香》，标志着我国新诗发展史上的一个重要的新阶段。这就是《在延安文艺座谈会上的讲话》

发表后，在伟大的毛泽东思想指引下，我国整个革命文艺发展的这个新阶段，其中诗歌方面的主要代表者就是李季。”

民间文学专家钟敬文则从民谣的角度探讨长诗的成就，称它“在诗的进程上树起了一块纪念碑”。

作家孙犁写道：“《王贵与李香香》，绝不是陕北民歌的编排，而是李季的创作，是全新的东西，是长篇乐府。这也绝不是单纯采风所能形成的，它包括集中了时代精神和深刻的社会面貌。他不是天生之才，而是地造之才，是大地和人民之子。”

10月7—10日、12—14日在延安《解放日报》副刊连载通俗短篇章回小说《卜掌村演义》，编者还为该文写了近千字的编者按语《关于〈卜掌村演义〉》。

10月23日，《东北日报》刊登陆定一同志的评论文章《读了一首诗》。

10月23、24、25日，《东北日报》连载李季的长篇叙事诗《王贵与李香香》。

11月，太岳新华书店和东北书店同时出版《王贵与李香香》单行本。

11月25日，《人民日报》发表署名雨的文章，介绍李季的叙事长诗《王贵与李香香》，并于25日至27日连载整部作品。

12月，大连大众书店、华北新华书店、冀南书店、冀鲁豫书店同时出版了李季的《王贵与李香香》单行本。

1947年25岁：

1月，大众文化出版社出版了李季的《王贵与李香香》单行本。

1月31日，《生活周报》新书介绍《王贵与李香香》。

2月，山西吕梁文化教育出版社、冀东新华书店出版了李季的

《王贵与李香香》单行本。

2 月 25 日，严慰冰致信萧三："手示敬悉，郑位（陆定一）现在开总编室会议，预计至傍晚时可开毕，手示当即转给他，他的简单答复今奉上。郑位是很愿意见到李季同志的，自您告他李季同志的病情后，他心里亦怪难过，故第二天即托丁华同志去南庄访李季同志，今晚您如有空，是否请约李季同志一起来，当准备晚饭，欢迎两位莅临。专此奉复，敬致，严慰冰上，2 月 25 日"。

春，《三边报》连载《边区人民生活》，署名李季。

春，三边战事开始后的第三、四个月，李季因风湿病已经不能工作了，组织安排他在安边、吴旗、靖边等地休养。

3 月，《冀东日报》增刊刊登周而复的《〈王贵与李香香〉后记》。

3 月，这期间，李季健康情况仍是没有起色，三边地委介绍他到西北局。离开三边，调至延安，李季说："五年多的三边生活，三边人民以小米和酸菜哺育了我。在艰苦的岁月，在胜利的时刻，日日夜夜，生生死死，把我磨炼成了一个道地的三边人。真是有一条无形的链，把我的生命，我的命运，同三边人民紧紧拴在一起。三边沙原变成了我的第二故乡本土，三边人民成了我相依为命的亲人。"（李季：《三边在哪里》）

3 月，国民党军队侵占了延安。当时西北局机关党报《边区群众报》（与新华社西北总分社为一套人马、两块牌子）撤退到了绥德县霍家坪村，继续出报。这年秋天，张光被组织安排来当了记者。这年冬天，李季也调来了，他来后大家都十分高兴。张光当时只有 17 岁，大家都叫他"小记者"。他有幸和李季住到同一个窑洞，一共五六个人住一个大炕上，办公用同一张桌子，这样他们就成了好朋友。李季把张光当弟弟看待，常常晚上给他盖被子。

张光后来回忆说，初见李季时，怎么看他也不像个诗人，清瘦的身子加上有点驼背，还有两只粗指头的手，这和一个受过苦难的青年农民有什么两样！只是他和人一谈话，略厚的嘴唇马上挂出一丝微笑，显得格外憨厚和诚挚，对人没有一点俗套，极为尊重同志。

李季平时说话沉稳，很少激动，办事不慌不忙，有条不紊。但他性格却很倔强，对不公平的事情，宁可长期沉默，绝不随声附和说出一个“肯”字。有段时间，他们一起编一个通俗报纸——《边区群众报》，李季坚决不编文艺版，而要编时事版。大家说：“你是诗人，理当编文艺版。”李季回答说：“天知道。我本来就不是搞文艺的，而是新闻记者。”

李季在报社有几个挚友，除了张光，还有其他几位：石鲁是《边区群众报》的美编，他为各版画插图刻木刻；赵文节（闻捷）和戈壁舟是文艺版的编辑；杜鹏程是跑外的记者。

李季编辑时事版非常认真，每天看大量新华社电讯稿，然后加以综合，用通俗的语言和形式编成稿子，登出去后，果然群众喜闻乐见。后来他对张光说，他是想试试时事宣传能不能通俗。他之所以这样做，是感到当时的时事宣传在农民中效果不佳，他要创一个新路子。李季有腰痛病，但有病也不休息，张光见他的腰弯着，背驼得更厉害了，心里难受。但李季仍坚持上班，没有拖过一期报。

3月，《读书与出版》刊登张臂呼的文章《人民自己底歌：〈王贵与李香香〉读后（海洋版）》。

3月12日，香港版《王贵与李香香》出版，郭沫若在《华商报》（香港）单行本序言说：“解放区的艺术品，我看见过好些优秀的木刻、剪纸、窗花。用文字表现的我看见过《李有才板话》《李家庄的变迁》《吕梁英雄传》《白毛女》等等。今天我又看见了这首长诗《王贵与李香香》。我一律看出了天足的美，看出了文学的大翻身。这些正是由人民意识中发展出来的人民文艺，正是今天和明天的文艺，中国的目前是人民翻身的时候，同时也就是文艺翻身的时候。这儿的这首诗，便是响亮的信号。”

4月，香港海洋书店、华北新华书店分别出版了李季的《王贵与李香香》单行本。

5月，上海希望书店出版李季的《王贵与李香香》单行本。

5月10日，作者小凡的读后感《王贵与李香香》载于《联合晚报》。

5月15日，《诗音讯》刊登艾红的文章《活的语言、人民的诗：评李季的〈王贵与李香香〉》。

5月18日，《读〈王贵与李香香〉》载于《联合晚报》，作者胡里。

夏，为了鼓舞群众的对敌斗争，李季创作说唱诗《阎家英雄传》，油印成小册子，随同《三边报》一起散发到敌占区。

夏，中共晋冀鲁豫中央局机关报《人民日报》的编辑拿着读者寄来的“寻人广告”，找到时任新华社晋冀鲁豫总分社记者的吴象，大声喊叫：“寻人广告找你来了！”广告的署名是李季，括号内写着（即杜寄），要寻的人是吴象、文迅和许善述。（吴象：《怀念峥嵘岁月中的抗大战友》）。

9月，山东渤海新华书店出版了李季的《王贵与李香香》单行本。

10月，华北新华书店出版李季的《卜掌村演义》（鼓词）。

12月，晋察冀新华书店出版了李季的《王贵与李香香》单行本。

1948年26岁：

1月，太行新华书店、太岳新华书店出版了张万一根据李季的《王贵与李香香》改编的同名秧歌剧单行本。

年初，李季在中共中央西北局《群众日报》边工作、边休养，下半年，病情逐渐恶化，风湿、半身麻痹，到各医院医治，均无效果。年底，由西北局介绍至西柏坡疗养。

4月，王兆乾与辛鹰合作，把李季的著名叙事长诗《王贵与李香香》改编成剧本，用西北的眉户调演出。

4月22日，我军收复延安，《群众日报》很快回到延安清凉山，张光和李季又住同一个窑洞。这是过去自己打的土窑洞，只能放两张小板床。他们仍在一个窑洞办公。晚上睡下后，常互相谈各人的经历。李季的经历很曲折，张光像听有趣的小说，一晚一晚连续听下去。李季处处把自己说成是一个笨人，要花别人几倍的时间和力量才能明白或做成一件事。他说，为了写《王贵与李香香》，收集民歌时，他是一条川一条川地走访，一架山一架山地翻越，一字一句地记，记下的民歌素材有十多本，而且是写在粗糙的马兰纸上，为了省纸，一个字只有米粒那么大，密密麻麻。

5月，《从民谣角度看〈王贵与李香香〉》，载于香港达德学院的不定期刊物《海燕》，作者静闻。

6月18日，创作叙事诗《新烈女传》。

8月，太行群众书店出版秧歌剧剧本《王贵与李香香》单行本。张万一编剧，附李季原诗，太行群众书店印行。

8月，经画家钟灵和陈昭二同志介绍，李季与李小为同志在西柏坡相识。

8月，张万一根据李季的《王贵与李香香》改编的秧歌剧在道清文化社出版。

8月28日，《观察》杂志第5卷第1期刊登吴晗的文章《悼朱佩弦先生》，在文章中，吴晗教授这样描述朱自清："整饬、谨慎、周到、温和、宽容、高度正义感，加上随时随地追求进步，这些德性的综合，构成了佩弦先生的人格。……事实上，几年来他确实是在向青年学习，他出席每一次学生主持的文艺座谈会，讨论《李有才板话》《赵家庄的变迁》《王贵与李香香》，提出极精到的意见。"

9 月，李季诗歌评论《人民喜闻乐见的诗》（报告），载于上海星群出版社出版的《诗创造》第 2 年第 2 辑，作者庄稼。

10 月，李季诗歌评论《谈两篇叙事诗》，载于上海星群出版社出版的《诗创造》第 2 年第 4 辑，作者史笃。

10 月，创作短诗《白发与皱纹》，这是李季赠给李小为的诗作之一。

秋，创作《凤凰岔历劫记》，未发表。

11 月，海南琼崖纵队组织文工团排演了《王贵与李香香》《人约黄昏后》《兄妹开荒》等话剧。

12 月，陕甘宁边区新华书店出版了李季的《王贵与李香香》单行本。

12 月至 1949 年年初，因病在河北平山县中央组织部招待所疗养。

1949 年 27 岁：

2 月，读者新华书店（天津）出版了李季的《王贵与李香香》单行本。

春，在河南洛阳中原职工学校任秘书。

3 月，中原新华书店出版了李季的叙事长诗《王贵与李香香》单行本。

3 月 28 日，中共中央中原局于开封召开中原文艺工作者代表会，决定成立中原文协筹委会，李季任《长江文艺》编委。

4 月，苏北新华书店出版张万一由李季的《王贵与李香香》改编的秧歌剧。

4 月，中原文艺座谈会如期召开，参加会议的有几十人，其中有熊复、郭小川、丽尼、潘梓年、崔嵬、黎辛、李普、于黑丁、张铁夫、陈笑雨等，当时正从北京南下准备到洛阳去深入生活的李季也参加了这次座谈会。会议虽然只开一天半，但讨论了不少问题。

5月，在中华青年第一次代表大会期间，李季对马烽说：“咱们是土生土长的作家，长期住在北京，是很难写出作品来的。”

5月，调至开封中共中央中南局宣传部编辑《长江文艺》。同月，李季同李小为结婚。

6月，苏南新华书店出版《王贵与李香香》单行本。

6月，赴京参加第一次全国文代会。

6月，著名文学家茅盾在《大众文艺丛刊》里发表《再谈“方言文学”》，点评《王贵与李香香》：“这是一首叙事长诗，但它以两行为一韵的格式，用的是陕北民歌‘顺天游’的调子，它是一个卓绝的创造，就说它是‘民族形式’的史诗，似乎也不算过分。”

6月18日，《长江文艺》在郑州创刊，李季任该刊编委。同日，在《长江文艺》创刊号上发表叙事诗《五月端阳》。原打算以《五月端阳》为题写三部，这里发表的是第一部，第二部表现的是共产党领导下陕甘宁边区生产建设运动及丰衣足食的生活，第三部表现的是1947年3月，胡、马匪帮侵入边区后，毛主席及中共中央坚持留在陕北，领导陕北军民英勇斗争的情形。（李季：《我的写作经历》）

7月，上海新华书店出版李季的《王贵与李香香》单行本。

7月1日，李季作为中南文艺代表团成员，出席第一次全国文学艺术工作者代表大会，当选为中华全国文学工作者协会委员，会议结束后，离京去武汉，任中南行政区文学艺术界联合会编辑出版部部长。

7月30日，《人民日报》第4版刊登了纪初阳的评论文章《诗的民间形式研究》，文章的主要笔墨是赞扬叙事长诗《王贵与李香香》。

8月，生活·读书·新知三联书店出版《王贵与李香香》，郭沫若、陆定一作序，周而复写后记。

8 月，浙江新华书店出版李季的《王贵与李香香》单行本。

8 月 5 日，李季开完第一次文代会，回武汉路过开封时，应李蕤之请题写了一首诗，把文艺编辑比作辛勤的园丁。诗云：“中原有荒园，畦畦皆枯苗。辛勤灌溉者，持壶频频浇。一日复一日，一朝复一朝。花儿渐见绿，朝朝开花早。花开娇且艳，园丁日渐老。每望满园花，相视皆含笑。告彼灌溉者，莫厌花之交。鲜花朵朵红，君岂无功劳？”

夏，在洛阳，李季应冀南书店一编辑之邀，作了题为《向人民学习语言》的报告，主要讲《王贵与李香香》的创作情况。李季讲的主要是收集民歌的经验、诗与民歌的关系。他在报告中说，《王贵与李香香》中少量是采用三边“顺天游”的原句，如“山丹丹开花红艳艳”；多数是汲取民歌的营养创作的。并说他收集的民歌有些在 1947 年转移时损失了，剩下的会交出版社出版。1950 年，他说的这些民歌由上海杂志公司出版《顺天游二千首》。但当时只印了几百册。

秋，在武汉中南文联任《长江文艺》主编。

9 月，安庆军区音乐教员王兆乾[①]将李季的《王贵与李香香》改编成黄梅调上演，首次为黄梅戏改革探索了道路。并着手用黄梅调编写曲谱，主持安庆军区文工团排练，挑选桐城人汤桃饰主角李香香，他自己出演王贵爹，于当年冬天在安庆公演黄梅戏《王贵与李香香》。

9 月，西北新华书店出版《王贵与李香香》。

9 月 22 日，作者谿棠写的《〈王贵与李香香〉读后感》载于《大公报》。

---

① 王兆乾（1928—2006），时任安庆军区音乐教员，严凤英的第一任丈夫、戏曲音乐家、剧作家、戏曲理论家。

10月，人民文学出版社、山东新华书店出版《王贵与李香香》单行本。

10月，新中国成立后，沈阳评剧演员鑫艳玲积极演出新剧目如《王贵与李香香》《血泪仇》《折聚英》《祥林嫂》等。

10月15日，《大公报》载文《〈王贵与李香香〉的作者、青年作家李季的故事》，署名袁水拍。

11月5日，《三边人》发表于《长江日报》，署名李季。

12月10日，李季发表创作经验谈《我是怎样学习民歌的》，载于《文艺报》第1卷第6期："《文艺报》编者要我写点学习民歌的经验。民歌，这是劳动人民艺术创作的主要形式之一，这是一个浩瀚的大海。以自己的浅学无知和短暂的摸索学习，要来写什么系统的经验和学习心得，这实在是一件难以胜任的事；加之，由于工作关系，过去自己所接触的也只局限于陕北三边一地（对全国范围来说，这仅是一个很小的角落）；目前又是因事来京，一些必需的材料，皆不在手边。这里所能写的，只是根据最近六七年来，自己在向民歌学习的过程中，所摸索到的一些片段体会和零星感想。"

1950年28岁：

1月，上海北新书局出版改编弹词开篇《王贵与李香香》，周行改编，赵景新作序。

1月，中国唱片厂出品歌剧唱片《王贵与李香香》，于村改编，梁寒光曲，汤正方伴奏。人民艺术剧院汪玮等演唱，李德伦指挥。

1月21日，李季诗歌《同志，你可认识他》载于《长江日报》，收录于诗集《短诗十七首》时改题目为《列宁》。

1月13日，《光明日报》刊登评论文章《谈李季的〈顺天游〉》，作者徐昭文。

1月21日，在《长江文艺》改版座谈会上的发言（摘要）发表于1950年《长江文艺》第2卷第1期，署名李季。

2月4日，李季在《长江文艺》通讯员运动一周年纪念会上作了题为《初步的收获》的报告。

3月，1950年3月是李季自1938年离开家乡后第一次回老家河南唐河的时日。他自己的棉裤又脏又破，他是穿着爱人李小为的棉裤回来的。他找到县政府说明情况，县政府借了他一匹马。

李季回老家第一个看的不是亲属，而是当年帮他联系去延安参加八路军的小学老师黄子瑞。

黄子瑞回忆："一天午后，振鹏（李季）突然来到我的住室。这真是意想不到的会面！我惊喜交加，不及寒暄，我们俩便手拉着手，坐了下来，谈起别后的经历。他从1938年经西安到延安，一直谈到三边农村工作，之后爱上了文艺，尤其爱上了新诗。他一边说，一边便掏出一本《王贵与李香香》，摆在桌上，恭恭楷楷地写上'子瑞吾师存正，李季敬赠'，我才知道他改名为李季。他是那天午前到唐河县委的。一下车，便打听我的下落。得知我在县教育馆工作，吃过午饭，便慌忙到教育馆来。那时刚解放不久，生活条件差。我的住室兼会客室，也兼办公室，简陋得只有一张床，一个桌，一条板凳。我去茶馆里倒了一壶茶，连买点心、纸烟的钱也没有，可是两人却热烈地谈了起来。时而放声大笑，时而相对默默。分别十一年了，虽然都成为中国共产党党员，但各有着不同的经历和遭遇，有无数的话要说啊！就像长江流水，滔滔不断。一直谈到掌灯时分，他才回县委去。晚上在县委商谈了工作……"

不久，黄子瑞率先将李季的《王贵与李香香》改编成李季小时候钟爱的河南地方剧种曲剧（旧称曲子戏），并在南阳首演。

4月，东北戏曲新报出版徐汲平改编为评剧的《王贵与李香香》。

4月1日，李季发表长篇叙事诗《报信姑娘》，载于《人民文学》

1卷6期。

4月8日，李季发表短诗《只因为我是一个共青团员》，载于《中国青年》第36期。

4月10日，《读〈王贵与李香香〉》，载于《川西日报》，作者袁柯。

5月，李季作《顺天游·辑者小引》，收录于1950年9月上海杂志公司版民歌集《顺天游二千首》。"'顺天游'，这是陕北、晋绥、内蒙一带主要的民歌形式之一种，这是一种形式最简单的诗。由于它的形式自由而生动，极适于表达、传述人民的生活及感情，所以，所有生活在这里的各种年龄的农民，不仅都是它的歌唱者和传播者，同时也是它的创作者。人们几乎无时不把自己的生活遭遇和感情欲望，创作成新的'顺天游'。'顺天游不断头'，这是一支永远唱不完的民歌，这是一个永远流不尽的泉源！"

5月7日，李季发表章回小说《邵二兴巧遇"红旗飘"》，署名章何紫，载于《长江日报》。

5月20日，李季发表《签名就是力量》，载于《长江日报》，署名章何紫。

6月4日，针对读者对其小说《邵二兴巧遇"红旗飘"》的意见（《对〈邵二兴巧遇"红旗飘"〉的几点意见》，作者曹霓；《评〈邵二兴巧遇"红旗飘"〉》，作者朱天），李季发表《关于〈邵二兴巧遇"红旗飘"〉》一文，署名章何紫，载于《长江日报》。

7月，上海杂志出版社出版《论"王贵与李香香"》，周韦编。该单行本收录了八篇评论文章：一、《关于〈王贵与李香香〉》，郭沫若；二、《读了一首诗》，陆定一；三、《写在〈王贵与李香香〉诗后》，周而复；四、《从民谣角度看〈王贵与李香香〉》，钟敬文；五、《从〈王贵与李香香〉谈起》，解清；六、《〈王贵与李香香〉读后记》，芝青；七、《人民的诗歌》，葆献；八、《略谈陕北民歌〈顺天游〉与〈王贵与李香香〉的创作》，林平。

8 月，上海教育书店出版了插图配原诗《王贵与李香香》，配图者为旺亲拉西。

8 月，李季创作故事《黑色的大米饭》《黄瓜》《纸、墨、笔》《实事求是》《一个伟大的母亲》《鱼鳞儿闪着白光》《蚱蜢》《敬贡茶》《戴红风帽的人》《皮蛋》《毛主席和穷人》。

8 月 29 日，李季给广西平乐县榕津中学教师罗学一同志的信："来信收到了，因连着参加几个会议，延迟至今始复，敬请原谅！关于诗歌写作，我自己也是一个新手，于经验修养都不够得很，愿能互相学习，共求前进。诗和其他文学作品一样，它的制作者必须对生活具有深刻的理解，和一定的写作修养。获得这些的方法，除了深入生活（首先是工农兵群众的生活），并努力政治理论学习，以加深自己思想的深度，再就是多读一些成功的诗篇之外，是再没有别的捷径可走的。必须记住：诗是教育人的，假若作者自己没有比读者更高更深的理解，他的诗就很难写得成功。这样说，还是不能满足你的请求的，但是这实在没有别的办法了，我不能向你谈些'写作入门'之类的话。我想最好的办法，还是请你按照上面的意见，多加思考，并逐渐试写些短小的叙事诗。这样摸索一个时候，你的问题当会逐渐获得解决的。因编务过忙，恕我不再往下写了，祝努力，并致敬礼！ 李季 八月二十九日（一九五〇年）。"

9 月 17 日，作者马捂千所写评论《王贵与李香香》的文章《劳动人民的典型儿女》，载于《川西日报》。

10 月，李季去湖南长沙、韶山等地收集采访毛泽东同志少年时期的生活材料，写成了《毛泽东同志少年时代的故事》。

10 月，湖南文学艺术界联合会筹委会出版《文艺工作者怎样参加土改》。收录作家艺术家参加土改的经验谈，包括杜润生、熊复、丁玲、刘祖春、赵树理、柳青、孔厥、俞林、柯蓝、马加、李季、刘俊鹏、胡可等。

10月，《新诗篇与新歌剧——为〈王贵与李香香〉演出作》，作者欧阳山尊。《谈新歌剧的形式与内容——〈王贵与李香香〉观后》，作者乔羽，载于《人民戏剧》第2卷第1期。

10月，《群众迷信敬神怎么办？——介绍李季同志的〈老阴阳怒打“虫郎爷”〉》，载于《长江日报》。

10月，李季创作诗歌《憎恨之歌》，收录于诗集《致以石油工人的敬礼》。

10月1日，为庆祝国庆，北京人民艺术剧院公演了四幕九场歌剧《王贵与李香香》。于村根据李季同名长篇叙事诗改编。作曲：梁寒光。配器：汤正方。导演：刘郁民、欧阳山尊。指挥：李德伦。

主要演员：方晓天（饰李香香）、于村（饰王贵）、田庄、于夫、谷风、任群、潘英锋、邓宛生、邓绍琪、曹孟里、哈得复、吴虹等。为庆祝1950年国庆节，此剧于10月1日起在北京剧场首演，郭沫若为此剧题写了剧名。《王贵与李香香》是北京人民艺术剧院的第一部新创歌剧。

歌剧《王贵与李香香》上演后，周恩来、彭真、郭沫若和苏联友人也前来观看。

李伯钊还邀请观看《王贵与李香香》演出的苏联著名电影导演谢·格拉西莫夫前来剧院进行座谈。他即席发表了长篇讲话。讲话的原始记录后经卢肃整理成文，题名《从〈王贵与李香香〉谈中国新歌剧》。

10月22日，《谈歌剧〈王贵与李香香〉的音乐创作》载于《新民报》，作者梁寒光。

11月，《〈王贵与李香香〉新歌剧观后感》，载《北京文艺》第1卷第3期，作者海肖。

11月，《谈歌剧〈王贵与李香香〉的创作》，作者胡沙，《关于〈王贵与李香香〉的演出》，作者牧虹，载于《文艺报》第3卷第2期。

11 月 12 日，创作诗歌《勇猛前进，抗美援朝保家卫国志愿军》，发表于当日《长江日报》，署名李季。

11 月 12 日，《天津日报》刊登张旅文的文章《关于〈王贵与李香香〉的两个问题》。

11 月 17 日，李季致信田间。

12 月，《对歌剧〈王贵与李香香〉几个场面的商榷》，作者郑永晖，载于《文艺报》第 3 卷第 5 期。

12 月，《从〈王贵与李香香〉谈中国新歌剧》，苏联格拉西莫夫讲，卢肃整理；《〈王贵与李香香〉观后感》，苏联格拉西莫夫讲，山尊整理，载于《文艺报》第 3 卷第 5 期。

12 月，李季创作短诗《只因为我是一个青年团员》，载于《中国青年》第 36 期，收录于诗集《短诗十七首》。

12 月，新华书店中南总分店出版由中南文艺界抗美援朝宣传委员会编辑、李季等著的《憎恨之歌》。

12 月 22 日，郭小川致李季的信："李季：毛主席故事昨天收到。晚上同赵部长见面，他说他在北京时已同定一、乔木同志谈过了，你写好时即寄他们一阅，他们认为有必要时自会给毛主席看的，我意你可再送来一份，将那份交中央宣传部审阅，给我们一份读一读。我昨天看了开头的几篇，文字是简洁的，也有力量，别的意见待看完才能提出。可能的话，今天晚饭后去找你谈谈。小杜的事由她复你。 小川 二十二日"。

12 月 23 日，熊复致信李季："李季同志：我已看过你写的毛主席的幼年故事。个别字句随看也随改了一些了，不一定确切。《敬贡茶》的意义不大，但也没有什么毛病。作为儿童读物，是很好的一本书。其中，许多连接词如'而且''于是'等最好少用。儿童口语是没有这些字眼的。我没有改，只提出供你参考。熊复 12.23。"

12 月 30 日，郭小川致信李季："李季：毛主席故事先把这一篇给你，另一篇祖春在看，这事怪我，我才给他。迎来了整风，工作又挤，弄得我头昏脑乱，身体又坏，情绪因而不佳，所以多事耽搁下来，为之奈何！大作的意见上次已谈过，今天同几个同志一齐研究，觉得毛幼时的智慧仍可以写，但应当把智慧写在这个意义上，《一个伟大的母亲》，二十篇就好，主要是写毛主席幼年时代的有益影响，使我们理解这一伟大人物。仓促间写了以上各点，供参考。陈绿黎这篇诗，我粗粗看过，他写农村干部的命令主义是对的，也有一定程度的真实感，缺点是未能从思想上提问题，农村干部的命令主义，基本上根源于农民的不相信力量，因而才表现了那一套。孤立地描写《顽皮》分开，像《鱼鳞儿闪着白光》，就不大好，《蚱蜢》表现了智慧，可以，但似应把他弄到野果子给大家吃（不是自己独占）这一点突出出来，《敬贡茶》主题不鲜明，若表现他不信神又似乎不必要。其陈已详于上次闲谈中了。以后再写的，我想请参考高尔基三部曲时写法。作者从高尔基的家庭与社会生活来描写高尔基的成长一些现象，自然就很不深刻。至于语言形式均有可取之处，我的意见，可请他参考这二意见，即从个人与群众的关系上来表现命令主义的思想本质加以修改。这个尝试，仍可贵。余面谈。祝好！　小川”。

1950 年，李季编《顺天游》（民歌辑录），由上海杂志公司刊行。

1951 年 29 岁：

1 月，《人民音乐》刊登李焕之的文章《音乐的戏剧　戏剧的音乐》，对李季作品进行了评论。

1 月，人民广播器材厂出版弹词唱片《王贵与李香香》，周行改编，蒋月泉、王伯荫演唱。

1 月，北京人民艺术剧院演出歌剧《王贵与李香香》。

1月，《人民音乐》刊登（苏）格拉西莫夫的文章《〈王贵与李香香〉观后感》。

1月，《中国文学》创刊号（英文版）收录了李季的叙事诗歌《王贵与李香香》。

1月，上海民艺出版社出版王尊三改编的鼓词《王贵与李香香》。

1月13日，《读李季的〈顺天游〉》载于《光明日报》，作者徐昭文。

2月，《人民音乐》刊登马可的文章《评歌剧〈王贵与李香香〉的音乐》。

2月，重庆联合图书出版社出版秧歌剧《王贵与李香香》，改编李漠、辛鹰、乐濛、牛畅。

2月4日，在"《长江文艺》通讯员运动"一周年纪念大会上发表讲话。这个讲话，后以《初步的收获》为题，发表在1951年《长江文艺》第4卷第2期，署名李季。

3月6日，《介绍〈王贵与李香香〉》载于《解放日报》，作者章力挥。

3月9日，《关于"陕北牧歌"的写作动机》载于《人民日报》，作者孙谦。

3月10日，《评〈王贵与李香香〉》载于《新民报》晚刊，作者郑笛。

4月，李季创作诗歌《我们的城市》，收录于诗集《短诗十七首》。

5月，华东人民出版社出版《王贵与李香香》插图配原诗，插图作者康牛。

6月，"北京人民艺术剧院丛书"收录《王贵与李香香》四幕九场歌剧，李季原著，于村改编，上海文化生活出版社出版。

6月1日，发表儿童故事《钢和铁》《勤学的儿童》《组织起来》《劳动能手》《一条棉裤》，载于《长江文艺》4卷5期，收录于故事集。《毛泽东同志少年时代的故事》后经李季修改，1951年8月由中南人民出版社出版单行本。

10月，中国作家代表团首次访问苏联，代表团成员有茅盾、叶圣陶、赵树理、老舍、柳青、孙犁、魏巍、刘白羽、李季等，代表团下榻在莫斯科饭店。代表团参观了高尔基博物馆、托尔斯泰庄园、马雅可夫斯基故居、普希金广场等。有时不外出参观，李季就把宾馆的房门一关，召唤同事们说，请孙犁唱一段京剧，这时，孙犁自然会唱上几段西皮、二黄。每到这时，孙犁就非常高兴，他说：在这个代表团好像我是唯一能唱京戏的人，每逢有人让我唱京戏，我就会兴奋起来，也随之激动起来。

10月，除担任中南文联工作外，兼任中南局宣传部文艺处副处长。

10月，北京人民艺术剧院为庆祝十月革命三十四周年，在天津公演四幕九场新歌剧《王贵与李香香》。

10月31日，《歌剧〈王贵与李香香〉的写作与修改》载于《天津日报》，作者于村。

11月1日，《我怎样演李香香》载于《天津日报》，作者方晓天。

11月11日，创作诗歌《十月的莫斯科》，发表于1952年《长江文艺》2月号，署名李季，收录于诗集《短诗十七首》。

11月19日，创作诗歌《苏联人民和我们在一起》，发表于1952年《长江文艺》2月号，署名李季，收录于诗集《短诗十七首》。

11月29日，创作诗歌《当拉起手风琴的时候》，发表于1952年《人民文学》3、4月号合刊，署名李季，收录于诗集《短诗十七首》。

12月12日，创作诗歌《列宁格勒有一个青年》，发表于1952年2月14日《长江日报》，署名李季，收录于诗集《短诗十七首》。

12月15日，创作诗歌《我们来到了莫斯科》，载于《光明日报》，署名李季，收录于诗集《短诗十七首》。

1 月，李季随中国作家代表团继续在苏联参观学习。

1 月 19 日，李季致信丁玲。

2 月 10 日，诗歌《十月的莫斯科》《苏联人民和我们在一起》载于《长江文艺》2 月号，收录于诗集《短诗十七首》。

3 月，人民文学出版社出版《王贵与李香香》单行本。

3 月，创作诗歌《种仇恨者要报偿》，发表于 1952 年《长江文艺》4 月号，署名李季。

4 月 16 日，李季创作的《致托尔斯泰幼儿院的小妹妹们》《当拉起手风琴的时候》载于《人民文学》3、4 月号合刊，收录于诗集《短诗十七首》。

5 月 9 日，李季致信丁玲。

6 月，创作诗歌《寄亚历山大·克拉西尔尼柯夫》，发表于 1952 年 11 月 9 日的《长江日报》，署名李季，收录于诗集《短诗十七首》。

6 月 12 日，创作诗歌《乌斑》，发表于 1952 年《长江文艺》7 月号，署名李季，收录于诗集《短诗十七首》。

7 月 1 日，李季作《光荣的姑娘——记荆江分洪工程特等模范、女青年谭文翠同志》，载于《中国青年》第 11 期，收录于诗集《短诗十七首》。

8 月，浙江鼓词艺坛人物阮世池参加浙江省民间音乐舞蹈汇演，演唱鼓词《王贵与李香香》。

9 月，创作歌词《建设祖国、保卫祖国》，发表于 1952 年《长江文艺》10 月号，署名李季。

9 月，创作诗歌《欢迎与期待》，发表于 1952 年《长江文艺》10 月号，署名李季。

10 月，第一届全国戏曲观摩演出大会华东区演出代表大会上演淮剧《王贵与李香香》，上海淮剧团编导组集体改编，王健民执笔，获演出二等奖。淮剧演员筱文艳、武筱凤在剧中饰演李香香。淮剧演员顾少春因参演本剧荣获演员三等奖。

10月13日，黄石中学二年级学生陈汝定致信《中国少年报》，该报回信："陈汝定同志：关于对《毛泽东同志少年时代的故事》所提问题已转给原作者李季同志请他回答。待解答必（毕）我们再通知你。敬礼　《中国少年报》社　十月十三日"。

10月16日，《新闻日报》报道：我国歌剧《王贵与李香香》在罗马尼亚演出。

10月17日，李季致《中国少年报》编辑部并转陈汝定同志："来信收到了，你对我写的《毛泽东同志少年时代的故事》中之《组织起来》一篇所提出的意见是对的。我那样写是一个错误。这个错误在这本书第三版时（一九五二年二月）就已发现，当时即做了修改，并要中南人民出版社（这本书的出版者）在再版出书时根据我修改的重排。由于他们（中南人民出版社）工作上的不够认真负责，一直拖到第五版（一九五二年六月）还没有改正过来，为这件事我曾向他们提出批评。他们现在已答应在第六版时根据我的修改稿重新排印。这样当你再看到第六版的这本书时，你所批评的它的缺点就不会再出现了。为了答谢你对我的帮助，我决定在新的第六版出书时寄赠一册给你，并希望你能认真地阅读它，把你新发现的错误和缺点再写信告诉我，我好根据你的意见再去修改它，一直到把它修改成为一本没有错误的小书时候为止。亲爱的朋友，从你的信里，我看到你是一个很细心而又具有一定分析能力的学生。同时，我也感到你很勇敢，敢于把自己认为不对的地方提出来。这种精神很好，也很使我感动。我希望能在你和许许多多的大朋友、小朋友的帮助下写出更多适于青年、少年朋友们阅读的作品。致以　敬礼！　李季敬上　十月十七日"。

10月21日，李季创作诗歌《赠瓦日克》，收录于诗集《短诗十七首》。

11月，李季创作诗歌《贺功信》，收录于诗集《短诗十七首》。

12月，李季在武汉中南文联任《长江文艺》主编，参加中华全国文学工作者协会（中国作协前身）组织的第二批作家深入生活大会。

中宣部部长胡乔木找李季谈话，问李季准备到哪里，李季说："我对陕北农村比较熟悉，还是想回三边。"乔木同志说："请你考虑，最熟悉的不等于最有意义的，还没有人写石油工业的文学作品，你可以去甘肃的玉门油矿深入生活。"

12月12日，李季听取了胡乔木同志在12月12日做的《关于文艺创作问题的报告》。

12月20日，李季响应中华全国文学工作者协会的"作家要深入生活"的号召，举家迁往玉门油矿。

12月29日，《〈王贵与李香香〉在罗马尼亚演出》，载《人民日报》，作者梁寒光。

1953年31岁：

1月，河南省戏曲改进委员会出版豫剧《王贵与李香香》。

1月，李季给中华全国文学工作者协会写信，载于《作家通讯》1953年第1期，信中说："……打算先搞一年的实际工作和实地调查。如果可能，我真愿意在这里住它一辈子。就光看那些黑得发着闪光的石油，它也会诱惑着你为它献出全部的身心的。……"（李季：《作家生活报导》，1953年《作家通讯》第1期）

1月至1954年年底，在甘肃玉门油矿任党委宣传部部长。

2月1日，李季致信萧三。

春，创作诗歌《石油河》，收录于诗集《玉门诗抄》，1955 年 4 月作家出版社出版。

春，创作诗歌《客店答问》，发表于 1954 年《新观察》第 11 期，署名李季，收录于诗集《玉门诗抄》。

春，创作诗歌《月牙泉》《阳关大道》《养路工》，发表于 1954 年《新观察》第 11 期，署名李季，收录于诗集《玉门诗抄》。

春，创作散文《戈壁滩上的石油城》。

4 月，李季长子出生，取名李江夏。

5 月，艾青、阮章竞、袁水拍《关于长诗〈菊花石〉的讨论》，载于《作家通讯》第 5 期。[①]

5 月 23 日，复信陈汝定。“汝定同志：你在三月二十日寄来的信到今天才收到。这是因为我已离开汉口，来到了遥远的甘肃玉门油矿的缘故。你们可能快要放假了吧。我希望在放假前你能收到这封信，不然那就太对不起你了。从事文学创作这是需要长期学习的。对于像你这样的年纪，当前主要是首先把各种学科学好，有时间时可以读些文学作品，它一方面可以培养你的新的道德品质，同时，也可以为你将来学习写作，奠定基础。握手　李季敬复　一九五三年五月廿三日于玉门”。

6 月，外文出版社与地拉那出版社合作出版阿尔巴尼亚文《王贵与李香香》。

7 月，赵敏在《文艺报》发表了对李季的《短诗十七首》一书的评论。

7 月，《关于长诗〈菊花石〉给李季同志的信》，载于《作家通讯》第 7 期，作者陈淼。

---

① 《菊花石》发表于 1953 年 8 月《人民文学》7、8 期合刊。发表前就在《作家通讯》上开始讨论，讨论大概持续半年之久。

7月12日，关于李季创作的长篇叙事诗《菊花石》，作家王林日记记载：“丁玲同志向来不爱打官腔，很天真很亲切地说出了对文艺创作的意见。她说文艺创作的领导是自己，别人的意见接受与否，自己应有完全自由。她说她很不高兴拿原稿叫别人看，热心的同志乱出主意，弄得自己不知道听呀还是不听，她说李季同志新写了长诗，已经经过二百多人提意见，改得不成样子了，特别是诗，没办法听别人的意见”。

春至夏，为《石油工人报》培训编、采人员，组织油矿业余创作组和宣传队。

8月，沈阳东北人民艺术剧院举行第一届戏剧音乐舞蹈观摩演出大会，演出了舞剧《王贵与李香香》。

8月7日，发表长篇叙事诗《菊花石》，载于《人民文学》7、8期合刊。李季说：在这首诗里，我采用湖南民歌《盘歌》的形式是一种“新的尝试”。

8月28日，散文《戈壁滩上的石油城》发表在《争取持久和平，争取人民民主》第35期，署名李季。

8月30日，李季作《玉门速写》，载于《文艺报》第16期。

8月至9月，在全国文协二次代表大会召开之前，小说散文组、诗歌组分别召开了三次讨论会，讨论杨朔的小说《三千里江山》和李季的长诗《菊花石》。讨论都相当认真、深入，发扬实事求是的批评精神，从作品的实际出发，具体、中肯地分析它的成败得失。自由讨论，各抒己见，不同意见都坦率地摆在桌面上。

秋，创作诗歌《白杨》，发表于1953年《说说唱唱》9月号，署名李季，收录于诗集《玉门诗抄》。

秋，李季创作诗歌《将军》，收录于诗集《玉门诗抄》。

秋，创作诗歌《酒泉》《夜光杯》，发表于1954年《新观察》第11期，署名李季。收录于诗集《玉门诗抄》。

秋，李季创作诗歌《厂长》，收录于诗集《玉门诗抄》。

9月，李季作品《尊师爱徒》（独目剧）由华东人民出版社出版。

9月15日，夜，李季创作诗歌《我们的油矿》。

9月20日，李季的《白杨》发表在《说说唱唱》第9期，收录于诗集《玉门诗抄》。

10月3日，致陈淼同志信："陈淼同志：来信和《菊花石》讨论会的发言记录都收到了。谢谢你们的关怀，也谢谢所有参加讨论会的同志们对我的帮助。我深深感到，这次讨论会对我的巨大教育作用。我读了全部发言记录，作为作者，我是同意荃麟、袁水拍、艾青、阮章竞诸同志对诗的主题、题材和诗的缺点等所作的分析的。从内容上说，我是想在这首长诗里，塑造一个忠实于艺术、为艺术创造献身，处在黑暗的旧社会的淫威下，坚贞不屈的无名的民间艺术家的形象。老工匠牺牲后，我安排了他的女儿——荷花，为其事业的继承人和其性格的发展。人物虽然是两个，但我是当作一个统一的人物来处理的。我承认我是在写自己。这就是我的基本意图。很显然，我没有完成自己的预定的任务。在语言、形式方面，如像许多同志所指出的那样，我是在有意识地做着一种新的探索。这虽然有点不自量力，但是，我总觉得：对于一个写诗的人，假若没有这么一点尝试的勇气，光只一味地停留在原地，那么，我们的事业将很难前进一步。基于这种想法，我硬着头皮进行了这个一开始就预计到将要遭到失败的试验。事实已经证明，我是失败了。但是，这个失败的经验，至少对于我自己是异常宝贵的。它将在我继续前进的时候，充作引路指标。这就是我的主要意见。（其他的话，如对若干我不能全部同意的发言等，我就不写了，因为，从记录上看，这已经在讨论会上得到了解决，或者是已经在大多数参加讨论的同志中得到了解决。）最后，我愿再一次向所有参加讨论的同志，表示我的谢意。这次讨论，不但分析批评了《菊花石》中所表现的缺点，我认为更重要的是，在不少的发言中，还提出了我今后所应选取的道路。致敬礼！ 李季 1953 年 10 月 3 日于玉门油矿”。（原载《作家通讯》第 7 期，第 25 页）

10 月 20 日，李季致萧三同志的信：

“萧三师：来信读过了。在遥远而荒凉的戈壁滩上，读到你的信，这比去年冬天在北京你的住所谈话时还更亲切些。小为我们深深被你对我们的关怀所感动。

“你们一家都回来了，可惜我们不能在北京欢迎你们；但无论如何，今后会比过去好了，至少通信更方便些。能经常和你通信，经常得到你的亲切的指导和热情的鼓励，这也是一种幸福呵！

“我们是在今年一月底、二月初由汉口到北京，又由北京到西北来的。算起来，我们已在这个石油城里住了十个整月了。我在这里的具体工作是：矿区党委宣传部部长（小为是工会女工部部长）。虽然过去没有直接做过工矿工作，但群众工作，是我喜爱和熟悉的。我干得很起劲。这里好多人都说我不像个作家。真的，我自己也感到干这个工作，比写东西更顺手一些。有时，我甚至还在想业余为文，主要就搞工矿的政治工作。最近，我帮助工作所在的那厂子，提前两个半月完成了国家全年计划。工人高兴，我也感到一种不亚于创作收获时的愉快。生活是多么诱惑人呵！

“一年了，我除去写了几篇短东西之外，什么也没写。《菊花石》是在这一时期修改的。关于这首诗的讨论，想你已看到了发言记录。从这首诗的写作和讨论中，我体会到许多过去不懂得的学问。总的说，它是一首失败的作品，但它的确教会了我很多东西。有的同志为我惋惜，说我不该发表它，但我却不愿‘藏拙’。不发表，怎么能使我受到这么多的教育呢？我也知道，将会有许许多多的人，在诗的道路上会接受我这次的失败的教训的。你说对吗？

“这里的生活，的确够苦了，但最必需的用品，还是可以买到的

（虽然比外边要贵几倍的价钱）。

“我们的身体都好，特请释念。这里虽比北京和三边都更冷一些，但我们都穿了皮衣。过去在三边被冻病，主要是那股傻劲在作怪，现在，可再不敢逞英雄了。

“我不知道你的生活、写作计划，但我长时间有这么一个希望：请你把这几年在国外做‘和平工作’的见闻，写一些像过去在《人民日报》上发表的那种短文（或诗），至少像我这样的读者是万分欢迎的。

“小川、杜惠他们都已调京，均在中宣部工作，我已写信告诉他们了，要他们去看望你。再过三两年之后，我们也回到北京，那时，可以经常见到你，得到你的指导，想到这些，我就特别高兴！

“问候叶华同志握手！　李季小为敬上　1953年10月29日玉门”。

11月，李季谈下厂生活问题，载于1953年《作家通讯》第11期，由《作家通讯》记者整理：

“每个作家都是根据自己的生活经历、政治的与艺术的修养和创作意图来决定深入生活的方式的，因此这不可能有一个统一的公式。下面这几点意见，是根据我个人深入生活的体会来谈的：

“一、下厂后要深入到实际生活的斗争中去，不能光是住在招待所里，这一点是肯定了的。但作家去体验生活，是担任实际工作好呢，还是不担任实际工作好呢？我想，像我这样一个在创作上比较年轻又没有工矿生活经验、根本没有工业知识的人，在下厂体验生活的初期，担任一些实际工作是有好处的。但究竟是担任行政工作还是党的工作，一般地说，还是做党的工作比较合适。当然，担任行政工作也有好处，它和生产的联系更加密切一些，更便于从生产斗争中去观察、了解人，但投入生产工作中去，就要管生产的具体业务、技术、统计报表等许多具体工作，这样确实是太忙。而做党的工作，主要是了解人的工作，是思想工作，统计表格等可以不经手或少经手；这样就有可能挤出一些时间来记录一些生活素材、看一点文艺书籍，以至考虑一下文学创作上的问题。

“至于做党的工作，是做组织工作好，还是宣传工作好呢？我想，这不成问题。有人认为宣传部具体业务工作多（如编黑板报、广播、上课等等），而组织工作才更便于接近人、了解人。其实，并不一定如此。宣传部就是做思想教育工作，它也需要深入了解干部、工人群众的思想情况，而组织部也有许多事务工作，如填统计表格、写材料等的具体工作也并不少。总之，两者是各有千秋，一切都决定于自己如何正确处理。

“二、担任正职还是副职？很多人都这样说，担任副职比较好，可以机动一些、灵活一些。根据我的情况（对工厂生活不熟悉、群众工作经验不多等），我觉得还是担任正职好。因为我们作家对工业建设都比较生疏，非常需要学习、熟悉工厂的群众工作。这在目前来说，你要写作品反映工业建设，表现工人的生活和斗争，不熟悉群众工作是不行的；而从长远打算，你摸清了群众工作的一般规律，对以后深入厂矿生活也有好处。为了熟悉群众工作，担任正职，实际负责一个工作部门是比较好的。这是因为担任正职，它可以加强自己工作的责任感，作为党委会的一个委员参加会议，和列席旁听党委会的心情是不一样的：作为党委委员，你就要发表意见，要举手表决，赞成或者反对，是要对油矿的整个工作负责的；而列席党委会，很可能听一听就算了，或者是忙着记录一些材料。我这一年多来，负责油矿党委宣传部门的工作，确实是很苦，有时也叫苦，但苦中有甜，还是有收获的。

“三、在上面还是下面的问题。有人说，担任一个部门的领导工作，会脱离群众，不能深入了解工人。我以为，如果真的脱离了群众，那不是组织部部长或宣传部部长这个职务造成的，而是自己的生活态度问题。事实上，担任领导工作也同样需要而且可能联系工人群众的。比如，为了研究干部、工人的思想情况，就要深入车间、小组，就要参加座谈会，就要找工人个别谈话、看思想情况汇报等等。我还重点地联系、了解几个工人，那是我准备写作的对象。在星期天，约他们来家里吃饭、聊天，有时看电影坐在一起，也可扯一扯。而且担任一定的领导工作，可以更好地了解、领会上级的指示，把领导的意图和群众的情况结合起来；如果只是和工人在一起，问题就会看得不全面。

“另外，我觉得创作工作的领导机关应该了解创作的规律，对有些问题的看法是需要进一步明确的：

“一、现在似乎有这样一个公式：作家加上体验生活的地方，再加上生活的时间就等于作品。常常有人对我说：‘你下去一年多了，该写东西了吧？’是啊，一年多了，该写东西了，但还不一定能写出来。这就不能那样要求，生活多长时间，就一定该写出作品。这有两种情况：一种是一个作家刚到一个地方，生活中的某些事物或人物，突然和他过去的某些素材联结起来了，过去长期思考而并不明确的东西，一下豁然开朗了。这样，他原来酝酿的某一主题、题材，就都‘借尸还魂’了。另一种情况是：一个作家他在一个地方住了一两年（或者更久），什么也没写出来。但这段生活是不会白费的（任何生活，对作家都是一种有益的积累，都不会白费），也许过了若干年之后，这段生活的感受，会成为他的某一作品的基本素材。当然，我们总还是希望作家能经常写出新的东西来的。

“二、还有这样一种看法：好像只要你准备下去三五年，老老实实工作，没有动手写作品，就被认为是好的。我以为衡量一个作家的工作的标尺，不是看他采取什么样的生活方式和工作了多长的时间，而是看他写出来的作品的质量。参加实际工作是有必要的，但时间的长短（半年、一年或两年），要看作家的具体条件来决定。我打算在玉门油矿生活一个较长的时间，但并不是一直要做实际领导工作，而是要在那里扎下根，和油矿建立亲属关系。而且玉门油矿担负着向新开辟的油矿输送干部的任务，因此在玉门结交了朋友，将来到新的油矿去，也有很大的方便。有的作家下厂半年或几个月就动手写作品甚至较大的作品，不少同志就加以非难，我觉得这也是不对的。因为有的作家过去有一定的生活基础，他下去以后，经过一个较短的时间，他把对现实生活的感受和他过去的生活经历联结起来了，他就可以动手写。所以，我们还是应该根据作家的作品来判断生活的深浅，不要仅仅看他生活的时间。

“作家下厂矿担任实际工作，最好还是能与创作界保持一定的联系，了解文学创作的情况和领导上对文艺工作的指示。每年中，抽半个月或一个月，到北京来参加一些会议，听听报告，和领导同志谈谈，沿路看一看，这对扩大眼界是有很大好处的。我想，一年花一个月的时间出来跑一跑是可以的；时间太长，那是不合适的。

“总之，既然作家的风格各不相同，作品的主题、题材各不相同，作家的经历、修养和创作意图又各不相同，这就决定了作家深入生活方式的多样性，除了长期地无条件地全心全意地参加到火热的群众斗争中这一原则之外，我想别的统一适用的公式是不存在的；即使有，也行不通。”

11 月，李季寄赠一册第六版《毛泽东同志少年时代的故事》，在新书扉页上亲笔写下了热情洋溢的题词：“赠给亲爱的陈汝定小朋友　李季敬赠　一九五三年十一月于玉门油矿”。

冬，李季创作诗歌《我站在祁连山顶》《我们的油矿》《师徒夜话》《社会主义老头》，收录于诗集《玉门诗抄》。

12 月，北京自强书局出版评剧《王贵与李香香》，于村、白云峰改编。

12 月 18 日，《关于长诗〈菊花石〉》，邵荃麟给李季的信：

“李季同志：你给陈淼同志的信，我看了。你对批评的态度是很严肃和诚挚的。在那次讨论会上，我的发言记录因为开文代会事情忙未及校阅，就搁下来了。现在陈淼同志又来要那记录，我觉得时间已经隔了很久，而且其中一部分意见，和艾青、水拍等同志谈得也差不多，所以不想再发表了。我只想就大家所讨论到的一个主要问题和你讨论一下。我认为《菊花石》无论在内容和形式上，都还是有许多优美的地方。这首诗里流露出诗人自己的一种高尚和真挚的感情——一个具有勤劳朴质的品质的诗人的感情。仅仅这一点，对于目前我们诗歌来说，已经很可宝贵了。你说你是在写自己，这点我是能感察出的。但是这首诗从头到尾读下去时，确实感到中间有一些不够和谐和自然的地方，没有《王贵与李香香》那样浑然一致。许多人都有这样感觉，我不知道你自己有无这样感觉？讨论会上许多同志都说到，这主要是由于浪漫主义和现实主义没有结合好，或者说‘盆菊’和‘革命’没有结合好。我觉得这样说法不很恰当，容易使人误会浪漫主义和现实主义是两种对立的东西，仿佛描写刻盆菊这一部分是浪漫主义的，描写革命斗争的那一部分是现实主义的。事实上很难这样划分。因为浪漫主义就是现实主义的组成部分。它是立足于现实基础之上的。现实主义也不是仅仅局限于描写社会生活中实际存在的事物。凡是现实生活中本质的东西，经过艺术家加以夸张渲染，或通过幻想的形式表现出来，但仍然是现实的。传说中间自然也描写社会生活中实际存在的事物，但它更多地采取幻想的形式，把读者带入到幻想的世界，即使读者明知这是实际生活中不可能有的事物，但仍然被它所说服所感动，觉得合情合理，觉得很自然、很真实，它之所以具有这种艺术的说服力量，首先还是由于它抓住了现实生活中真实的东西。优美的民间传说经口头流传愈久，愈增加了其渲染和幻想的东西，同时也愈加集中地突出其反映现实本质的东西，因而艺术的真实性也愈强烈。运用传说这类形式来写诗，首先要抓住现实生活中本质的典型的东西，然后大胆地、不受拘束地在这个基础上加以渲染和夸张。《菊花石》某些部分使读者感到有些不够自然，我想是由于在这两方面都还不够之故。水拍同志说你对运用传说的体裁似乎还欠成熟，信心似乎还不够，我也有这样感觉。《菊花石》前面部分写得较好，我想是由于老工匠这个人物比较有典型性。人民中间确有一些这样忠贞于自己的艺术和生活、正直不阿、坚强不屈的老艺人。这种性格，是殖民地半殖民地社会最可宝贵的性格。你抓住这种性格的特征，又予以一定的夸张，所以觉得真实和动人。但后来写到老工匠牺牲，荷花女上山以后，无论从荷花女的性格刻画上以及她的故事情节上，这种典型性就减弱了。初读的时候总觉得荷花女身上好像缺少一些什么，这次你来信说：‘我写了他的女儿——荷花，为其事业的继承人和其性格的发展，人物虽然是两个，但我是当作一个统一的人物来处理的。’我觉得把两个人物作为统一的人物来处理，这是不妥当的。荷花女固然可以有她父亲的性格，但她总应该有她独特的东西。她和老工匠究竟是两个人，年龄、生活、气质、情感，不可能是完全一样。这个人物缺乏她独特的个性，因而使她的性格很难有典型性。我觉得不够自然的地方，大概也是描写她上山以后的一段。我想是和这有关系的。在另一方面，你似乎又有些拘束，对于人物和故事不敢大胆地加以渲染和夸张。有时你似乎企图把读者带到幻想的世界中去，但立刻又退回来了。特别关于盆菊的描写是如此。你似乎没有给予读者关于盆菊一个很明确的概念，因而也不容易使他们更亲切地感觉到盆菊究竟是件怎样珍贵的宝物。水拍同志关于这方面说得很多，我觉得是有理由的。也有的同志说，如果这个传说不写在实际的革命斗争环境中，也许会更增加传说的气氛。我觉得问题也不在这里。《菊花石》的内容不仅表现人民中间这种忠贞于艺术和生活的坚强性格，并且也表现了革命与反革命对待这种艺术劳动的截然不同态度，如果不写革命，那主题也就不同了。在传说中写革命斗争，其实也同样允许夸张和渲染，是不必拘泥于事实的。有些民间革命传说就是这样，问题是在作者如何去处理它。像《菊花石》中怀仁堂这个场面，我就觉得还可以更加渲染，写得更有气势。但你在这里也似乎有些拘束，因而诗的气氛就不够强烈了。以上就是我对这一个问题的看法，其他关于形式、语言等想不谈了。无论如何，我还是喜欢这首诗的。讨论会上有一些对这首诗的不近情理的批评，艾青同志已经指出了。我同意他的意见，希望来信。敬礼！ 荃麟 十二月十八日”。（原载《作家通讯》第7期第22页）

1954年32岁：

1月，吉林省人民书店出版《王贵与李香香》。

1月，上海市人民沪剧团演出沪剧《王贵与李香香》。

1月5日，《健康的道路——读李季的长诗〈菊花石〉》，载于《光明日报》，作者谢宇衡。

1月31日，《对〈菊花石〉的意见》，载于《人民文学》，作者李建生、杨祚泽。

2月，《王贵与李香香》由金梅生先生以年画连环画的形式创作绘画出来，由上海正兴美术印刷有限公司印制出版，收录于“新中国年画连环画精品丛书”。

2月23日，上海市人民沪剧团演出沪剧《王贵与李香香》。

春，在银川文联一位姚先生的炕头上，李季对友人赞美作家海默豪爽耿直的性格，夸奖他如何善于构思故事，塑造人物，对他很是敬佩。

春，创作诗歌《红领巾》《黑眼睛》《正是杏花二月天》，发表于1954年《人民文学》7月号，署名李季，收录于诗集《玉门诗抄》。

春，创作诗歌《白杨河》，发表于1954年《新观察》第11期，署名李季，收录于诗集《玉门诗抄》。

春，创作诗歌《在那美丽如画的尕斯湖边》，收录于诗集《玉门诗抄》。

5月，创作诗歌《嘉峪关》，发表于1954年《新观察》第11期，署名李季。

6月，犹太人、作家朱白兰加入中国国籍，不久，她把李季的长篇叙事诗《王贵与李香香》翻译成德文。

夏，创作诗歌《鸳鸯池》，未发表。

6月21日，夜间，浩然阅读着《王贵与李香香》，忽然萌发灵感，在这本书的扉页上写了一首诗：初夏暖风拂稻田，渠畔蛙声催人眠。天空星斗赛灯火，夜咏古诗宿百泉。这是一个22岁的年轻记者在静谧的夜晚，在长夜孤灯下阅读时碰出了灵感的火花。

7月，“创作了第一首石油题材的长篇叙事诗《生活之歌》，11月1日发表在《中国青年》第21、22合刊上。这虽然是一首叙事诗，其实也就是对青年的劳动英雄人物和祖国工业建设的一支颂歌，主题意义是很清楚的，抒情成分是相当浓的，自然景色的描写是颇为动人的，这是由于作者亲身体验了这种生活的一个结果。”（臧克家：《李季的〈生活之歌〉》，载于1955年《文艺学习》第5期）

7月8日，李季撰写自传。

8月，创作歌词《收割》，发表于1954年《河南文艺》第17期，署名李季。

9月，石油工业部领导人康世恩带领柴达木考察队从玉门出发，奔赴柴达木盆地考察，在出发前的会上第一次向大家介绍李季是“我们的石油诗人”，从此，李季有了中国第一个“石油诗人”的称誉。

9月20日，李季创作诗歌《秋收小唱》，载于《陕西文艺》第9期，收录于诗集《短诗十七首》。

10月1日，李季作《致北京》，发表在《北京日报》，收录于诗集《玉门诗抄》。

冬，创作诗歌《我问昆仑山》，发表于1955年《旅行家》1月号，署名李季，收录于诗集《玉门诗抄》。

冬，创作诗歌《油砂山》，发表于1955年《旅行家》2月号，署名李季，收录于诗集《玉门诗抄》。

11月15日，创作诗歌《旗》，发表于当日《人民日报》，署名李季，收录于诗集《玉门诗抄》。

11月16日，李季作《写给阿拉尔革命烈士墓的话》，发表在《人民日报》，收录于诗集《玉门诗抄》。

11月19日，李季作《柴达木一青年》，发表在《人民日报》，收录于诗集《玉门诗抄》。

11月上旬，随同石油部门的几位领导同志和第一批进驻柴达木盆地的石油地质勘探队队员一起赴柴达木。“当时的柴达木盆地，一片荒芜，进驻后，吃的是带去的干饼子，喝的是严格限量的泥汤水，临时搭起的帐篷算是最好的住处。李季和大伙一起，过着最艰苦的生活，不要任何稍微特殊一点的照顾。他每天早出晚归，和勘探队员一起爬荒山、看构造、寻油砂、找油苗。他还曾在野外露营，当大家感到十分不安时，他却说：不吃点露水，哪能知道勘探队员怎样度过戈壁的寒夜？”（尤涛：《怀念“石油诗人”李季同志》，载于1980年4月5日《工人日报》）

11月中旬，创作并发表《初进柴达木》的组诗。关于组诗，李季说：“我第一次写组诗，是在1949年，那些诗曾被一些读者所喜爱，但作为组诗来说，却不是很成功的，经过一个时期的学习，逐步地多少掌握了若干关于组诗的特点和规律，这样我就在1953年至1954年，在我写作反映玉门油矿生活的第一批诗歌里，有意识地运用起组诗这一形式。”（李季：《兰州诗话》）

冬，李季创作诗歌《柴达木小唱》，收录于诗集《玉门诗抄》。

12 月，李季的次子出生，取名李江树。

12 月，北京自强书局出版评剧《王贵与李香香》，于村作曲、白云峰改编。

12 月，外文出版社出版德文版《王贵与李香香》、英文版《王贵与李香香》（布面精装），周令钊绘，杨宪益、戴乃迭译。

年底，调离玉门油矿。李季回忆这两年生活时说："1952 年冬天到玉门油矿，这是我最初同石油工人结识，也是我接触我国工人生活的开始。当时，我又接触到一个新的问题——怎样用我所已经唱惯了的调子，来歌唱工人和他们的生活，几年来，我以几十首反映石油工人生活的短诗和一部长诗《生活之歌》对这个问题做了回答。我的诗的风格，和我的生活基础，都决定了我在描绘石油工人形象的过程中，必须经过一段较为长期的熟悉和探索阶段。这些诗，就是这个阶段的'试产品'。"（李季：《难忘的春天 · 后记》）

1955 年 33 岁：

1 月，新美术出版社出版戏剧《王贵与李香香》。

1 月，中国唱片厂出品《王贵与李香香》淮剧唱片，上海市文化局创作研究室集体改编，王健民、唐继师执笔，筱文艳、顾少春演唱，上海市人民淮剧团乐队伴奏。

1 月 1 日，李季作《谢谢你的手风琴》，发表在《长江文艺》1 月号。

3 月，连环画杂志社出版连环画《王贵与李香香》，周令钊绘。

3 月，李季创作杂文《都不快活》，载于《安徽文艺》。

3 月，李季调北京，任中国作家协会创作委员会副主任。

3 月，李季曾有过动情的回忆："那时，我从玉门刚调到北京工作不几个月，好像他（闻捷）也是从新疆调回新华社工作不久，我们见面交谈的机会，又多了起来。有一天，他突然交给我一叠诗稿，要我帮他看看，可不可以发表。我当场就一首一首读了起来。怎么会忘记我那时的惊喜心情呵！还没读完，我就欣喜若狂地用双手把他抱了起来，喃喃地说：‘多么好的诗呵！你这个精灵鬼，什么时候写的？怎么我一点也不知道？对我还保密呀！’”（李季：《清凉山的回忆》）

3月，负责创委会日常工作的副主任李季派束沛德参加了团中央召开的第三次全国少年儿童工作会议。他从会上了解到当时少年儿童的思想、学习、生活情况以及他们对文学艺术的需求，并聆听了胡耀邦所作的题为《把少年儿童带领得更加勇敢活泼些》的讲话。作协主席团第十四次会议前，李季让束沛德根据《人民日报》社论精神，结合从少年儿童工作会议上了解到的情况，并参考第二次全苏作家代表大会上波列伏依所作的《苏联的少年儿童文学》补充报告，代作协草拟一个要求作协各地分会加强对少年儿童文学创作的指导意见。

4月，短诗集《玉门诗抄》由作家出版社出版。1957年8月译为英文，由中国外文出版社出版，向国外发行。向国外发行时，李季写了《题记》，谈这些诗是在一种什么样的感情支配下写成的。

4月，李季的长篇叙事诗《生活之歌》由中国青年出版社出版。

4月28日，《修改了的〈王贵与李香香〉》载于《新民报》晚刊，作者晓雾。

5月，创作歌词《走向生活》，发表于1955年《山西文艺》6月号，同年《歌曲》第2期转载，均署名李季。

5月，《李季的〈生活之歌〉》载于《文艺学习》第5期，作者臧克家。

6月，《〈王贵与李香香〉——人民新诗歌的第一座里程碑》载于《南京师范学院校刊》，作者甘当榛。

6月，《对〈谢谢你的手风琴〉的意见》载于《长江文艺》6月号，作者冯沛。

6月15日，创作诗歌《读了罪犯们的密信》，发表于《文艺报》第11期，署名李季。

10月1日，李季发表童话诗《幸福的钥匙》，载于《长江文艺》11月号。这首童话诗“是响应多写儿童文学作品而写的”，1956年4月由上海少年儿童出版社出版单行本。

10月1日，李季创作《在我们居住的地方》，发表在《新观察》第19期，收录于诗集《致以石油工人的敬礼》。

11月，在中国作协举行的第十次主席团会议上，李季被推选为青年创作筹委会委员。

11月，《大戈壁滩上的劳动花朵——读李季的〈玉门诗抄〉》载于《文艺学习》第11期，作者张奇。

12月，天津人民美术出版社出版极限明信片《王贵与李香香》，张碧梧绘。

冬，李季创作诗歌《理想》，收录于诗集《致以石油工人的敬礼》。

冬，创作诗歌《送同志回玉门》，发表于1957年《长江文艺》2月号，署名李季，收录于诗集《西苑诗草》。

冬，李季创作诗歌《我们和党》《新旱船歌》《缝纫员》《青年颂》，收录于诗集《致以石油工人的敬礼》。

冬，李季创作诗歌《党委书记》（片章），未发表。

1956年34岁：

1月，李季创作歌词《我心爱的柴达木》。

1月，李季致中国作家协会书记处的信：“我已于昨天下午抵达银川，沿途均好，来此路上，在西安停了一天，在兰州停了两天。一路上，到处碰到过去在三边的老同志，甘肃省级党、政、群，各个部门几乎都有熟人。这里（银川）更是如此。我打算在这里多待一些时日，八百里银川已基本合作化了，群众的社会主义热情高潮澎湃，一如汹涌的黄水大浪。三边这些年的工作落后了，建设也落在后边。但，我还是要去走一趟的。我计划，以此地为活动的据点。途中过西安时，曾访问青年团陕西省委书记（也是三边的老同志），据谈，1956 年 3 月 1 日，团中央将在延安召开五省（自治区）青年造林大会，他们现正进行紧张的准备工作。请考虑，届时可否派遣一些作家前往参加。一则访问造林积极分子，二则也可访问一下圣地延安。 李季 1956 年 1 月于银川”。

2 月 1 日，李季作《有三条清清的小河》《阿拉善牧歌》，发表在《新观察》第 3 期，收录于诗集《致以石油工人的敬礼》。

2 月 4 日，中国作协创作委员会诗歌组举行座谈会，对诗歌的创作等问题进行了讨论。

2 月 18 日，李季创作的歌词《我心爱的柴达木》，发表在《歌曲》2 月号，宋立成谱曲。

3 月 15 日—30 日，中国作协和共青团中央联合召开了全国青年文学创作会议。四百八十多位来自二十五个省、市、自治区的青年作者参加了会议。会议中，许多老作家以及文化部、共青团中央有关单位的代表作了报告和发言，老作家们还同青年文学创作者共同讨论了繁荣文艺创作等问题。

3 月 18 日，作协上海分会的陈山在上海体育馆举办讲座，介绍李季的叙事长诗《生活之歌》和《玉门诗抄》。

4 月，李季作《幸福的钥匙》，由上海少年儿童出版社出版单行本，由程十发绘图。

4 月 14 日，《生活的颂歌——读李季的〈玉门诗抄〉》载于《光明日报》，作者石方禹。

4 月 27 日，李季作《他们来自石油河边》，发表在《中国工人》

第 8 期，收录于诗集《致以石油工人的敬礼》。

5 月，李季创作诗歌《珍惜每一秒钟》，收录于诗集《致以石油工人的敬礼》。

5 月 23 日，李季作《我想念》《致以石油工人的敬礼》，发表在《中国青年报》，收录于诗集《致以石油工人的敬礼》。

6 月，李季在《致以石油工人的敬礼》附记中写道："这个集子里，一共收了二十六首诗。其中半数以上是 1949 年至 1952 年，在武汉时写的。这一部分诗，曾编入 1952 年 12 月出版到 1954 年停印的《短诗十七首》一书中。其余的诗，都是我在最近这两年中，利用机关行政工作的业余时间写出的。除《青年颂》《缝纫员》两首外，都在报纸刊物上发表过。大多数的诗，在编入诗集时，都做了一些修改。最近这三四年来，我的心一直被一种美妙、瑰丽的事业和从事这一事业的人们吸引着。我曾经为它献出过我的微薄的劳动，也曾用我的全部热情，为它歌唱。今后，当我能够再度跃入这个浩瀚的大海中游泳的时候，我将愿意为这种令人心爱的事业，继续献出我的劳动和热情。这，就是我把这首写得并不算好的诗，作为这本诗集题名的用意。"

6 月，连环画《王贵与李香香》由人民美术出版社出版，周令钊作画，李季将原诗重新节编配文。

6 月，张万一改编，高介云作曲，北京宝文堂书店出版秧歌剧《王贵与李香香》。

6 月 4 日，李季在《谈"二百"方针》中写道："我首先想到花，应该为谁而放的问题。花不是为放而放，是要让劳动人民欣赏，鼓舞他们去更好地建设社会主义。现在往往是专家称赞的，或是自己和周围同行欣赏的诗，在群众中的反应却并不热烈。我在群众中生活时，看到群众对文艺的迫切要求，深深感到负债很重，但回来以后这种感觉就逐渐淡漠了。我感到人民的声音在我们这里反映的并不多。我在北京住了一年以后再到农村去，就感到和人民之间的距离远了，觉得非常惭愧。因此在‘百花齐放’的方针一提出来时我就想到为谁而放的问题。作协选的诗选中有些是有成就的诗人的作品，而群众竟是一无所知，这是个问题。我认为：‘不论黑猫黄猫，能捉老鼠的就是好猫’，能为人民服务的诗就是好诗。”（载于《作家通讯》第6期）

7月，夏天，臧克家同张天翼、艾芜、李季同志一道来青岛避暑，山大的同学们听到消息，邀他们到学校讲讲话。最后约定在中山公园小聚，结果还是到了二三百人，在草地上环坐，萧涤非致欢迎辞。他说：“读其书不知其人，可乎？”把几位作家介绍一番。大家畅谈文学和人生。

8月，李季创作小说《银川曲》。

8月，诗人沙鸥所写《美丽的诗篇、动人的人物》，载于《辅导员》第8期，该文对李季的叙事长诗《幸福的钥匙》进行了评述。

8月，初秋，李季与夫人李小为一起赴三边访问。时间约一个多月，先去银川，后到定边、靖边、盐池、吴旗等县。访问了当地群众和有名的民歌手王有，参观了毛主席当年住过的青杨岔和王家湾。在访问过程中，李季回顾了当年构思、创作《王贵与李香香》的过程及学习民歌的情况。

9月，创作诗歌《怀石英》，发表于1957年《长江文艺》2月号，署名李季，收录于诗集《西苑诗草》。

9月，李季和已调到北京新华总社的张光，都被组织安排去中共中央高级党校学习。那时入学要考试，据说前一年出的常识题就有一百道。为了考取就得复习一番。但他们都是早就脱离了学校的人，从何准备，真是“老虎吃天，没处下爪”。李季提议借一套高中课本，通读一遍。就这样，他们二人在北京中山公园找了一个僻静的地方，每天埋头苦读，或者互相考问。张光说：“要没有他，我是不会下那个功夫的。”就这样，他们两人都考取了，在中共中央高级党校成了同学。

在党校，李季又见到了自己的老领导杨献珍。提起1942年在太行山北方局党校任秘书长的杨献珍批准李季到“前方鲁艺”上学的往事，两人都感慨不已。

在党校学习期间，李季同抗战时期就打入国民党、任胡宗南机要秘书的熊向晖同寝室。熊向晖多次向李季讲起自己当年做秘密工作的经历，曾提到1943年7月9日胡宗南进犯延安，他冒死将情报送出，使党中央转危为安。毛泽东后来说熊向晖“一个人顶几个师”。熊向晖当时对李季说：“这些事你们作家也不能写。”

党校毕业后，李季和熊向晖成了挚友。李季一有新书就寄给熊向晖。“文革”后期，李季从“干校”回到北京，熊向晖还常到李季在新源里的家中拜访。熊、李和另一位老同志有一个“三人组”，不时讨论国家的走向。

1966年10月的一个傍晚，正在挨批斗的李季在回家的公共汽车上偶遇熊向晖，出于特殊时期，二人都愣了，很快又相互一笑，几乎是同时向对方问候：“挺好吧？”

1968年7月17日，在高级党校学校的情况，李季在《关于董济众的材料》中提道：“家在北京（城里）的学员，不少都由原机关每星期六接回城内。那时，作家协会也派车接我（按月扣付汽油费）。”

9月24日，中国作协主席团举行会议，改选书记处。茅盾任第一书记，老舍、邵荃麟、刘白羽、曹禺等任书记。

秋，创作诗歌《给一个石油地质探勘队员》《寄铁衣甫江》，发表于1957年《长江文艺》2月号，署名李季，收录于诗集《西苑诗草》。

10月，李季的诗集（26首）彩画封面《致以石油工人的敬礼》，由长江文艺出版社出版。32开，93页，印数8000。

12月5日，李季发表说唱诗《银川曲》，载于《延河》12月号。

这篇作品“原是我在1955年冬，在银川和姚以壮、朱衡彬几个人合写的一个反映银川合作化的电影剧本。几经修改，最后还是失败了。我根据这个故事，重新加工改写成了这篇说唱诗。”（李季：《我的写作经历》）

1956年，甘肃省歌舞团在兰州上演歌剧《王贵与李香香》。

1957年35岁：

1月，《致作协书记处的信，并附本年的写作计划》载于本年《作家通讯》第1期。

1月，《长诗〈王贵与李香香〉》载于《学生科学论文集刊》第1期，作者林仲麟。

1月，评论文章《致以石油工人的敬礼》载于《诗刊》第1期，作者方屿。

1月1日，创作诗歌《致柴达木的少男少女们》，发表于1957年《长江文艺》2月号，署名李季，收录于诗集《西苑诗草》。

1月8日，创作诗歌《致水手》，发表于《中国青年报》，署名李季，收录于诗集《西苑诗草》。

1月25日，《诗刊》创刊。主编为臧克家，副主编为严辰、徐迟，编委有田间、艾青、吕剑、沙鸥等八人。创刊号发表毛泽东于1月12日致《诗刊》主编臧克家和《诗刊》编辑部的一封信。同期发表毛泽东的诗词十八首。

2月，外文出版社出版印尼文版《王贵与李香香》。

2月1日，李季发表组诗《西苑书简》，包括五首短诗，载于《长江文艺》2月号，后收录于《西苑诗草》。

春，创作诗歌《北京的诗》《红领巾》《夜登景山》，发表于1957年《长江文艺》12月号，署名李季，收录于诗集《西苑诗草》。

3月，北京朝花美术出版社出版《王贵与李香香》周历，周令钊绘图。

3月20日，中国文联召开了主席团扩大会议，决定于10月举行第三次全国代表大会，进一步贯彻“百花齐放，百家争鸣”的方针，着重讨论创作问题和民族传统问题。

4月，沙鸥对李季的叙事长诗《幸福的钥匙》的评述文章《关于三本童话诗》，被收录于中国青年出版社出版的《谈诗第二集》。

4月，《读〈王贵与李香香〉》载于《语文教学》第4期，作者俞元桂。

4月9日，《文汇报》发表《中共中央宣传部副部长周扬同志答本报记者问——有关“百花齐放，百家争鸣”等问题的谈话》。

4月10日，《人民日报》发表题为《继续放手，贯彻“百花齐放，百家争鸣”的方针》，各报刊继续开展关于现实主义、社会主义现实主义问题的讨论。

5月19日，《李季的〈王贵与李香香〉》载于《语文学习》第5期，作者公兰谷。

5月23日，李季在《人民日报》发表题为《要为更广大的人民群众所接受》的文章。

6月，李季的长篇叙事诗《菊花石》由长江文艺出版社出版。

6月，李季的《毛主席少年时代的故事》（僮文版）由广西民族出版社出版。

6月，李季与阮章竞合作的《诗人乎？蛀虫乎？》载于《文艺报》13期。

6月6日，中国作协召开党组扩大会第一次会议。

6月17日，《文汇报》报道：文艺要为社会主义服务，在京作家座谈繁荣大众文艺问题，老舍、张恨水、赵树理联合邀请在京作家，就如何进一步繁荣大众文艺问题交换意见。由老舍、张恨水、赵树理提出创办一份全国性的直接为人民服务的文艺杂志的提议，获得了所有与会者的支持，会议推选老舍、钟敬文、张恨水、赵树理、张友鸾、王亚平、徐懋庸、李季、萧也牧等二十一人为筹备委员。

7月，民族出版社出版蒙文版《王贵与李香香》原诗，周令钊绘图，马·克希格译。

7月，《李季的〈王贵与李香香〉》载于《语文教学通迅》第7期，作者郭兆儒。

7月24日，《收获》（双月刊）在上海创刊，李季为编委。

8月，民歌集《银川曲》由通俗文艺出版社出单行本，作者：李季、朱红兵等。

8月，李季创作《〈球场风波〉开拍前二、三事》载于《大众电影》第15期。

10月25日，创作诗歌《彩虹颂》《列宁》，发表于1957年《诗刊》10月号，署名李季，收录于诗集《西苑诗草》。

10月—11月，李季创作的诗歌《列宁的塑像》收录于诗集《西苑诗草》。

11月，创作诗歌《我走过茫茫的西伯利亚》，发表于1957年11月7日《中国青年报》，署名李季，收录于诗集《西苑诗草》。

11月，创作诗歌《南京素描》《灵谷塔前》，发表于1957年《旅行家》12月号，署名李季，收录于诗集《西苑诗草》。

11月，创作诗歌《玄武湖的秋天》《黄埔公园》《那小小的窗口》《这儿永远是春天》《长江桥头赠友人》，发表于1958年《人民文学》1月号，署名李季，收录于诗集《西苑诗草》。

11月4日，李季陪同周恩来总理在中南海勤政殿接见印度诗人拉姆德哈利·丁卡并合影。

11月4日，创作诗歌《我有一条红领巾》，发表于《中国少年报》，署名李季，收录于诗集《西苑诗草》。

11月6日，李季作《玉门人想巴库人》，发表在《人民日报》，收录于诗集《西苑诗草》。

11月7日，李季创作诗歌《友谊号游船》《致上海》，发表于1958年《新港》1月号，收录于诗集《西苑诗草》。

冬，致刘白羽同志的信（摘录）："我要向党申明：通过这一次的斗争，使我进一步认识到在今后长期、复杂尖锐的阶级斗争中，文艺这一武器的重要作用。意识到这种责任，更加坚定了我做一个党的文艺战士的勇气和信心。不因困难而逃避，不因任务艰巨而退却，力争做一名不负于党的文艺战线上的无产阶级战士。从我对自己的这个要求出发，我请求党组织能批准我再到生活中，到社会主义建设岗位上，去工作、锻炼若干年。具体说，希望能批准我像一九五二至一九五四年在玉门油矿那样，把家搬到石油工业的基层厂矿，挑起担子，像一个普通干部一样地生活、工作一些年。并争取在工作过程中，学会掌握一至二种生产技术，达到三级工的水平。"（此信写于1957年冬）

12月，民族出版社出版维吾尔文版《王贵与李香香》，周令钊绘图，吐尔贡·阿丽玛次翻译。

12月1日，李季发表组诗《北京速写》，包括五首短诗，载于《长江文艺》12月号，属于这组诗的还有两首，后均收录于短诗集《西苑诗草》。

12月6日，创作诗歌《江南草》，发表于《人民日报》，署名李季，收录于诗集《西苑诗草》。

秋至冬，李季曾陪同外宾到南京、上海、江苏等地参观，李季在参观途中所写的九首短诗，合称《江南草》，先以组诗的形式在刊物上发表，后收录于《西苑诗草》。

年底，在中央党校学习结束。

12月15日，李季作《白鸽》《北京车站》，发表在《羊城晚报》，收录于诗集《西苑诗草》。

12 月底，李季在兰州省委宣传部专业写作。

1957 年，外文出版社出版了李季的《生活之歌》和《玉门诗抄》英文版单行本。

1958 年 36 岁：

1 月，《中国唱片歌曲选》（第一辑）由上海音乐出版社出版，收入梁寒光作曲《王贵与李香香》。

1 月，在甘肃兰州主持筹备“工农兵文学剧院”和中国作家协会兰州分会，被推选为兰州分会主席。主持了《红旗手》创刊，同时在玉门等地深入生活。

1 月 1 日，根据李季叙事长诗改编的京剧《菊花石》由余定华、王毅然改编，辽宁人民出版社出版。

1 月 8 日，李季的《那小小的窗口》《这儿永远是春天》《长江桥头赠友人》发表在《人民文学》1 月号。

2 月，外文出版社出版法文版《王贵与李香香》，周令钊配图。

2 月，民族出版社出版李季的《玉门诗抄》（维吾尔文）单行本，由阿·肉孜优夫和木·乌斯满诺夫合译。

2 月，创作诗歌《黄河桥上看凌花》，发表于 1958 年《旅行家》5 月号，署名李季。

2 月，创作诗歌《夜住打柴沟》《车过乌鞘岭》《黄羊镇》《金和银》《出了嘉峪关》《题玉门车站路标》《向西去》，发表于 1958 年《旅行家》5 月号，署名李季，收录于诗集《玉门诗抄》第二集。

2 月，创作诗歌《玉门人》《最高的奖赏》《争论一》《争论二》《悼》，发表于 1958 年《人民文学》5 月号，署名李季，收录于诗集《玉门诗抄》第二集。

《玉门人》："苏联有巴库，中国有玉门；凡有石油处，就有玉门人。"这首诗在石油界流传甚广。李季的这首诗颇具预见性，有两层含义：其一，以巴库油田作比称扬玉门油田，并瞻望到中国会发现更多更大的油田；其二是玉门的石油人会走向全国。如今，有一块刊载着该诗的诗碑立于玉门油田的发现井老君庙一号井旁。

李季在选择职业时，对他的孩子们说："鲁迅先生有一句话：'孩子长大，倘无才能，可寻点小事情过活，万不可去做空头文学家或美术家。'"故他的女儿学的是工科，长子学的是理科。一次，李季与玉门油矿的老友焦力人聊天，谈起子女，焦说："老李呀，咱们得有个接班的，你儿子不是学地质的吗，干脆转到石油来吧。"

李季去世三年前，他见小儿子甚是喜欢文学和摄影，就说："那就留个文苗子吧。"不久，他花了一百九十元给小儿子买了一部海鸥 –4A 照相机。1977 年 4 月 25 日，当时还未"解放"的石鲁因严重的肺结核住进北京通县结核病院，次日李季就带着李江树前去探望。十年"文革"期间，两人没见过面，这一次见面，李季和石鲁都很激动。石鲁叙述着这些年来他的遭遇，李季唏嘘感叹，从石鲁手里接过一厚本他用钢笔写的诗集。（几天以后，李季把这本诗集给贺敬之看，两人都觉得石鲁的诗意象怪诞颇有深意。）李江树用海鸥 –4A 在一旁拍了两筒胶片，其中的一张《画家石鲁》成为名作。该作品多次获奖，入选"二十世纪华人经典"。这后来，大学摄影专业或视觉文化专业将此作编入教材。2011 年由生活 · 读书 · 新知三联书店出版的《中国摄影艺术史》用专门的篇幅介绍了该作。

李季的石油诗影响了几代人，很多年轻人就是读了李季的作品后报考石油（地质）院校的。据在石油系统从事技术工作的李季长子李江夏回忆：有时他到油田出差，当接待他的同行意外得知他与李季的关系后，有人当时就背出了李季的诗句，李江夏甚为感慨——这要是油田搞宣传的同志也罢；技术人员能脱口而出，可见李季石油诗的影响力。

3 月，创作诗歌《寄白云鄂博》《春节寄友人》，发表于 1958 年《诗刊》4 月号，署名李季，收录于诗集《玉门诗抄》第二集。

3 月，创作诗歌《难忘的春天》，发表于 1958 年《诗刊》6 月号，署名李季，收录于诗集《玉门诗抄》第二集。

3 月，李季创作诗歌《回三边》，发表于 1958 年 6 月 21 日《人民日报》，收录于诗集《难忘的春天》。

3 月 11 日，创作诗歌《铁山方一日》《玉门春》，发表于当日《人民日报》，署名李季，收录于诗集《玉门诗抄》第二集。

3 月 14 日，创作诗歌《喜讯》，发表于当日《甘肃日报》，署名李季，收录于诗集《第一声春雷》报头诗第一集，李季、闻捷合著。

3 月 30 日，创作诗歌《好诗大家看》，发表于当日《陕西日报》，署名李季。

4 月 2 日，创作诗歌《天生泉》，发表于当日《人民日报》，署名李季，收录于诗集《第一声春雷》报头诗第一集，李季、闻捷合著。

4 月 5 日，李季的小说《戈壁旅伴》载于《延河》4 月号，收录于散文小说集《戈壁旅伴》。

4 月 14 日，《人民日报》发表社论《大规模地收集全国民歌》。

4 月 14 日，李季作诗歌《我们的杨师傅》，发表在《民族团结》第 4 期，收录于诗集《玉门诗抄》第二集。

4 月 16 日，《写作计划》载于 1958 年《作家通讯》第 2 期，署名李季。

4 月 21 日，创作诗歌《第一声春雷》，发表于 1958 年 4 月 26 日《甘肃日报》，署名李季，收录于诗集《第一声春雷》报头诗第一集，李季、闻捷合著。

4 月 25 日，《春节寄友人》《寄白云鄂博》发表在《诗刊》4 月号，收录于诗集《玉门诗抄》第二集。

5月，创作诗歌《祝丰收》，发表于1958年6月22日《甘肃日报》，署名李季，收录于多人诗集《对唱河西大丰收》。

5月8日，李季作诗歌《争论一》《争论二》《悼》，发表在《人民文学》5月号，收录于诗集《玉门诗抄》第二集。

5月10日，创作诗歌《牡丹花开五月天》，发表于当日《甘肃日报》，署名李季，收录于诗集《第一声春雷》报头诗第一集，李季、闻捷合著。

5月16日，夜1时，创作诗歌《欢呼第三颗吉星高照大地》，发表于当日《甘肃日报》，署名李季，收录于诗集《第一声春雷》报头诗第一集，李季、闻捷合著。

5月18日，《诗人李季在甘肃》（消息）载于《甘肃日报》。

5月19日，《西安日报》载文《诗人李季在甘肃》。

5月22日，《解放日报》载文《落户甘肃，深入群众——李季诗兴勃发》。

5月22日，李季的诗歌《黄河桥上看凌花》《夜住打柴沟》《车过乌鞘岭》《黄羊镇》《金和银》《出了嘉峪关》《题玉门东站路标》《向西去》，发表在《旅行家》5月号，收录于诗集《玉门诗抄》第二集。

5月24日，创作歌词《人人来种幸福树》，发表于1958年5月28日《甘肃日报》，署名李季，收录于诗集《第一声春雷》报头诗第一集，李季、闻捷合著。

6月，根据李季的长诗《菊花石》改编的同名现代京剧由余定华编剧、周少楼导演，此剧为旅大京剧团首次演出。

6月，上半年，在玉门、三边和甘肃农村深入生活。

6月1日，敦煌文艺出版社出版李季主编的《花儿万朵》（敦煌文艺丛刊）。

6月1日，李季发表长篇叙事诗《三边一少年》，载于《长江文艺》6月号。1959年2月由中国少年儿童出版社出版，1960年6月译成德文，由中国外文出版社出版。

6月2日，创作诗歌《祝贺》，发表于1958年6月3日《甘肃日报》，署名李季，收录于诗集《第一声春雷》报头诗第一集，李季、闻捷合著。

6月3日，诗歌《毛主席笑了》发表在《甘肃日报》，收录于诗集《我们遍插红旗》报头诗第二集。

6月9日，创作诗歌《定西人民技术革命交响曲》，发表于1958年6月10日《甘肃日报》，署名李季、闻捷，收录于诗集《第一声春雷》报头诗第一集，李季、闻捷合著。

6月11日，创作诗歌《新卖报歌》，收录于诗集《我们遍插红旗》报头诗第二集。

6月14日，李季作诗歌《飞天词》，收录于诗集《我们遍插红旗》报头第二集。

6月15日，创作诗歌《向先进生产者致敬》，发表于当日《甘肃日报》，署名李季，收录于诗集《第一声春雷》报头诗第一集，李季、闻捷合著。

6月18日，创作诗歌《高山运河颂》，发表于当日《甘肃日报》，署名李季，收录于诗集《第一声春雷》报头诗第一集，李季、闻捷合著。

6月19日，李季的诗歌《红旗歌》发表在《人民日报》，收录于诗集《我们遍插红旗》报头诗第二集。

6月20日，创作诗歌《我坐上第一列小火车》，发表于当日《甘肃日报》，署名李季，收录于诗集《第一声春雷》报头诗第一集，李季、闻捷合著。

6月21日，李季作诗歌《回三边》，发表在《人民日报》，收录于诗集《难忘的春天》。

6月22日，李季诗歌《祝丰收》发表在《甘肃日报》，收录于多人诗集《对唱河西大丰收》。

6月23日，李季诗歌《欢唱第一炉钢》发表在《甘肃日报》，收录于诗集《第一声春雷》报头诗第一集，李季、闻捷合著。

6月25日，李季的《难忘的春天》（组诗）发表于《诗刊》6月号，收录于诗集《玉门诗抄》第二集。

6月25日，创作诗歌《高山运河狂想曲》，发表于《甘肃日报》，署名李季，收录于诗集《第一声春雷》报头诗第一集，李季、闻捷合著。

6月30日，《从〈王贵与李香香〉谈学习民歌》载于《诗刊》第6期，作者贾芝。

7月，经甘肃省委同意，由吴坚、李季、闻捷、赵戈等同志组成中共中国作家协会兰州分会党组，吴坚任书记，李季任副书记，负责筹备工作。

7月，创作诗歌、修改《我们的杨师傅》，发表于1958年《民族团结》第4期，署名李季，收录于诗集《玉门诗抄》第二集。

7月1日，李季创作诗歌《我的献礼》发表于《甘肃日报》，收录于诗集《我们遍插红旗》报头诗第二集。

7月12日，李季创作诗歌《红旗上面绣红星》，收录于诗集《我们遍插红旗》报头诗第二集。

7月15日，李季创作诗歌《永做党的文化兵》，发表在《甘肃日报》，收录于诗集《我们遍插红旗》报头诗第二集。

7月17日，李季创作诗歌《我们决不允许》，收录于诗集《我们遍插红旗》报头诗第二集。

7月18日，李季创作诗歌《大家倒比小家好》，收录于诗集《我们遍插红旗》报头诗第二集。

7月21日，李季的诗歌《打狼歌》发表于甘肃《工农文艺》，收录于诗集《我们遍插红旗》报头诗第二集。

7 月 25 日，李季创作诗歌《寄战士》，收录于诗集《我们遍插红旗》报头诗第二集。

7 月 26 日，李季的诗歌《献给小麦元帅》载于《甘肃日报》。

7 月 30 日至 8 月 1 日，中国作家协会兰州分会在兰州饭店举行第一次代表大会，出席大会的有正式代表八十三人，列席代表九人，大会宣告中国作家协会兰州分会正式成立，选举丹正贡布等十五人为分会理事，吴坚、李季、闻捷、李秀峰、赵戈五人为常务理事，李季为主席，闻捷、李秀峰为副主席。

7 月 31 日，由李季主持筹备的“工农兵文学剧院”在兰州举行成立大会，并举行首次演出。演出前，李季登台赋诗，以示祝贺。

8 月，民歌集《银川曲》，作者李季、朱红兵、姚以壮，由北京通俗文艺出版社出单行本。李季几年前去玉门，途经银川，顺便看望一下老朋友姚以壮和朱红兵，看到了他们两人合作的诗歌《银川曲》后，认为有生活，有地方特点，可以修改出版，于是三人约定由李季负责修改。李季在原稿的基础上重新加工，将其改编成了一部说唱形式的长诗，发表在文学期刊《延河》1956 年 12 月号上。不久，又出单行本。

8 月，李季诗歌评论文章《花儿万朵，朵朵红》载于《延河》第八期，作者郑伯奇。

8 月 6 日，李季创作诗歌《英雄渠上唱英雄》，载于《甘肃日报》。

8 月 10 日，《社社都有五千斤——答李季同志》由张掖地委干部会议集体创作，载于《甘肃日报》。

8 月 18 日，李季由甘肃赴北京，出席中国作家协会主持召开的作家深入生活座谈会。李季在座谈会上讲了他赴甘肃半年多来深入生活的体会以及这一阶段的写作情况。《谈深入生活》载于 1958 年《作家通讯》第 8 期，由作家协会创委会整理。

8 月 20 日，周扬同志致李季的一封信：“李季同志：你那天所谈经验，很好。你找到了一个诗歌如何同党的工作，同工农、群众结合的方式，希望你一股劲干下去，相信定会写出好诗来。有政治热情，有诗才，就一定能写出好诗；没有政治热情的人，即使才高万丈，我相信他也写不出真正的好诗来。我正在编选民歌，我感到甘肃民歌选中反映引洮工程的好诗似乎不多，请你挑几首给我留下，以便补入。听说你明天就走，如有现存的，望即抄给我。此致　敬礼　周扬　1958年8月20日”。

9月，李季再进柴达木盆地考察石油勘探、深入生活。

9月23日，李季创作诗歌《千军万马闹昆仑》，10月15日载于《人民日报》。

9月24日，李季诗歌《万紫千红一齐开》载于《甘肃日报》。

9月24日，李季发表长篇叙事诗《杨高传》第一部——《五月端阳》，载于《收获》5月号。

9月26日，李季的诗歌《昆仑山放歌》载于《文艺报》第18期，收录于诗集《心爱的柴达木》。

10月，1958年，举国上下正处于“大炼钢铁”、大放“卫星”的“大跃进”时期。李季、闻捷在街头与群众对唱诗歌。

10月，在苏联塔什干举行的亚非作家会议做出决议：在科伦坡（锡兰）建立亚非作家常设事务局，并建议在所有参加会议者的国家成立与常设事务局联系的本国委员会。根据中国作家与亚非作家建立创作上联系的愿望，中国作家协会书记处很快做出决定，成立了“中国亚非作家常设委员会”。成员如下：巴金、戈宝权、刘白羽、老舍、叶君健、李季、李弘奎、陈冰夷、金克木、林林、季羡林、祖农·哈迪尔、茅盾、赵树理、袁水拍、纳·赛音朝克图、郭小川、张庚、杨沫、杨朔、谢冰心、萧三。共二十二人。

10月，人民文学出版社出版《王贵与李香香》。

10月，作家出版社出版李季诗集《玉门诗抄》第二集。

10月，李季与闻捷一起去新疆克拉玛依油田参观采访，写出诗歌《敬礼，克拉玛依》。

10月6日，李季创作诗歌《敬酒歌》，收录于诗集《心爱的柴达木》。

10月15日，《人民日报》刊登署名雷加、李季、闻捷的文章《从克拉玛依发来的电报》。

10月26日，《人民日报》刊登李季的诗作《登昆仑》。

11月1日，李季的诗歌《虎将歌》载于《新观察》第21期，收录于诗集《心爱的柴达木》。

11月16日，《在民歌的基础上发展新格律——读李季同志新作〈五月端阳〉（第一部）》，载于《诗刊》第11期，作者宋垒。

11月17日，李季作诗歌《喜报》，载于《甘肃日报》。

11月27日，《文汇报》刊登评论文章《〈王贵与李香香〉哪里去了？》。

12月，人民文学出版社出版李季的《王贵与李香香》。

12月，甘肃省委第一书记张仲良与李季、闻捷、李秀峰谈文艺问题。

12月1日，李季的诗歌《四川姑娘》载于《红岩》第12期，收录于诗集《心爱的柴达木》。

12月3日，闻捷的评论文章《谈谈甘肃对唱诗——〈对唱河西大丰收〉编后记》，载于《甘肃日报》、《文艺报》22期。

12月5日，李季作诗歌《柴达木》《茫崖赞》《阿拉尔有一伙小老虎》，载于《文艺月报》12月号，收录于诗集《心爱的柴达木》。

12月10日，李季的诗歌《哭英雄》载于《红旗手》第4期，收录于诗集《难忘的春天》。

12月25日，李季的诗歌《一听说冷湖喷了油》载于《诗刊》12月号，收录于诗集《心爱的柴达木》。

1959 年 37 岁：

1 月，中国铁路文工团歌剧团上演舞剧《王贵与李香香》。

1 月初，李季自甘肃致中国作家协会的信："上半年，到洮河工地去，根据此间省委决定，写作引洮上山的作品（用什么形式写，没有最后确定）。下半年，写作《杨高传》第三部（题目也未最后确定，还要到玉门油矿去补充材料），我计划争取年底完成它。如有时间拟将前两部通篇修改一遍，并考虑将三部长诗合在一起，改编歌剧和电影。……"载于 1959 年《作家通讯》第 1 期。

1 月，《一棵钻天的白杨——评〈三边一少年〉》载于《儿童文学研究资料》第一集，作者沙金。

1 月，李季在引洮工地撰写评论《希望再开一朵花》。

1 月 1 日，李季的诗歌《给一个地质勘探队员》《油砂山和昆仑山》《过冷湖》，载于《文艺红旗》1 月号，收录于诗集《心爱的柴达木》。

1 月 8 日，李季创作长篇叙事诗《杨高传》第二部——《当红军的哥哥回来了》，载于《人民文学》1 月号。

1 月 10 日，李季发表创作谈《兰州诗话》之一，载于《红旗手》第 1 期。[①]

2 月，《动人心魄的长篇叙事诗——〈当红军的哥哥回来了〉读后记》载于《诗刊》2 月号，作者马铁丁。

2 月，《当前新诗歌中可喜的收获——读李季的〈五月端阳〉和〈当红军的哥哥回来了〉》，载于《文学书籍评论丛刊》第 2 期，作者方殷。

2 月，李季的短诗集《心爱的柴达木》由百花文艺出版社出版。"收在这里的十九首短诗，都是我在一九五八年秋、冬之间写作的，第一、二部分，都是在柴达木盆地和昆仑山中写成的。第三部分是

① 《兰州诗话》共 14 篇，最后一篇于 1960 年 12 月发表在《红旗手》上。

在参加石油工业部克拉玛依现场会议期间写作的。”（李季：《心爱的柴达木·后记》）

2月，舞剧《王贵与李香香》座谈会发言载于《舞蹈》第2期。

2月，长篇叙事诗集《三边一少年》由画家吴静波插图，中国少年儿童出版社出版单行本。

2月3日，复两位中学教师的信：“谢介龙、但功荣同志：来信收到了，敬复如下：一、解放前，除《王贵与李香香》外，我没有出版过其他作品；二、《长江文艺》创刊号发表的《五月端阳》，共三部，当时只发表了第一部，其余两部都没有发表过，这是因为我考虑到这部长诗的质量太低的缘故，这部长诗，实际是我去年写的新的《五月端阳》的四种试稿的一个；三、对我的写作活动分期，我大体上是同意的，但我觉得第三‘创作上的弯路’，实际是应包括在第二个时期里，因为这比较符合我的实际情况些；四、我的主要作品，就是你们所开列的那一些。因为时间很少，对你们所提问题，简复如上，有尚需我帮助的，敬请函告，当再奉复。致、敬礼！ 李季 1959年2月3日夜，兰州”。

2月15日，《戏剧报》刊登隆荫培的文章《喜看民族舞剧〈王贵与李香香〉》。

2月16日，《人民日报》刊登李季的文章《希望再开一朵花》。

2月26日，《新民晚报》发表白水的文章《看舞剧〈王贵与李香香〉》。

3月，作家出版社出版李季等著的《对唱河西大丰收》，收录李季的《祝丰收》和《再祝丰收》两首诗。

3月，李季作《谈诗短简》。

3月，在北京住院。

3月，《革命的英雄史诗——读〈五月端阳〉和〈当红军的哥哥回来了〉》，载于《文艺报》第6期，作者安旗。

3 月 10 日，《解放日报》发表对舞剧《王贵与李香香》的评论文章。

4 月，《革命的史诗、英雄的赞歌——读〈五月端阳〉和〈当红军的哥哥回来了〉》，载于《读书》第 8 期，作者葛超海。

4 月，李季创作小说《水姑娘》，载于《红旗手》第 4、5、6 月号，署名于一凡，收录于散文小说集《戈壁旅伴》。

4 月，人民文学出版社再版《王贵与李香香》。

4 月 1 日，李季在《星星》第 4 期的《为石油和探采石油的人们而歌——诗集〈石油诗〉编后记》中写道："1954 年的后几个月，我感到难于抑止自己的感情，我开始为石油和探采石油的石油工人们而歌唱了。在不到半年的时间里，我利用业余空闲时间，写了近两千行诗。"

4 月 16 日，《光辉的年华——读长诗〈三边一少年〉》载于《新文化报》，作者马星初。

5 月，长篇叙事诗《杨高传》第一部——《五月端阳》由作家出版社出版单行本。

5 月，人民文学出版社再版《王贵与李香香》。

5 月，《少年英雄的赞歌——读〈三边一少年〉》载于《诗刊》5 月号，作者夏蕾。

5 月，《坚实的道路、淳朴的诗篇——试读李季的叙事诗新作》载于《人民文学》5 月号，作者冯牧。

5 月，在北戴河疗养。

5 月 1 日，发表创作谈《谈诗短简》，载于《长江文艺》5 月号，这是李季从他给一个写诗同志的回信里摘抄出来的。

5 月 7 日，李季作《难忘的春天》后记："……对于像我这样一个原本就缺乏才华的笨拙的歌者来说，当我检视十年间所写的作品时，当我编选这本诗集时，却也并不感到脸红。我已经竭尽我的全部才能、全部热情，写了，唱了。我没有虚度年华。我没有为那些微不足道的成就所陶醉，也没有在学习和实践的道路上，故意放慢脚步。限于才能和修养，使得我所进行的那一次又一次的探索和尝试，差不多都没有达到预期的效果。我却从来没有气馁过。‘笨鸟虽然展翅慢，总有飞到那一天’。每一次尝试的失败，都为另一次成功，提供了经验。我相信，勤勉可以医治先天的笨拙，学习会使无知变得聪明……”

5月10日，李季作品《喜读〈引洮山上工程史〉》载于《甘肃日报》。

5月31日，《少年英雄的热情颂歌——读长诗〈三边一少年〉》载于《中国青年报》，作者高歌今。

6月，《文艺报》刊登安旗的文章《革命的英雄史诗——读〈五月端阳〉和〈当红军的哥哥回来了〉》。

6月，《文艺报》发表李季的诗作《怒眼望富利——寄越南友人黄忠通同志》。

6月，作家出版社出版诗集《当红军的哥哥回来了》，美术家邹雅装帧并插图。

6月1日，李季作《戈壁旅伴》前记。

7月，中国铁路文工团歌剧团演出四幕五场民族舞剧《王贵与李香香》。

8月，李季创作散文《在高山运河工地上》载于《红旗》第8期。

9月，李季诗选集《难忘的春天》由人民文学出版社出版，“这本诗集，选辑了从1949到1958年十年间，我写的一百首诗。它是我学习写诗的道路上，开始学步的十年。也是我在诗的语言、形式方面，探索、尝试的十年。”（李季：《难忘的春天·后记》）

9月，张僖回忆文章：

“……石油部在北京友谊宾馆召集全国各油田负责人开会，准备在大庆油田搞石油会战。李季向作家协会提出来，我们要组织作家去油田。中旬，李季、刘白羽和我一起去找油田的宣传部部长杨拯民同志（他是杨虎城烈士的儿子）商量。结果把事情就搞得更红火了。本来只想组织一部分作家去油田，后来组成了一个慰问团。除作家之外，还有演员、画家、音乐家。音协主席吕骥任团长，李季任秘书长。记得去的人还有周立波、李若冰、王晓棠夫妇、胡松华等等。于是，这次活动就不光是作家深入生活了，还有慰问的性质。慰问团出发以前，余秋里、康世恩都来到作协机关给大家送行。

“这次慰问活动长达一个月，搞得非常成功。作家李若冰就留下来，专门写油田题材的作品。后来，作家和艺术家写出并表演了大量歌颂石油战线的作品。李季的热情，李季的组织能力，李季会出点子，都给我留下了很深的印象。在亚非拉作协活动中，李季也是一位得力的组织者……”

9月2日，李季的诗歌《我们的毛主席笑了》载于《光明日报》。

9月8日，《谈〈杨高传〉中杨高和崔端阳的形象》载于《人民日报》，作者刘岚山。

9月16日，李季在《人民日报》发表短诗《太阳从这儿升起》。

9月26日，李季发表创作谈《我和三边·玉门》，载于《文艺报》第18期。

10月，李季在《星星》杂志发表文章《为石油和探采石油的人们而歌》。

10月，评剧《当红军的哥哥回来了》首演，该剧根据李季的同名叙事长诗改编，编剧禾呈、张痕、玉昆，首演单位锦州市评剧团，首演者陈桂秋、李继宗、筱玉凤等，剧本由辽宁春风文艺出版社出版。

10月，李季诗歌《新河颂》载于《诗刊》10月号。

10月1日，李季创作诗歌《普天同庆》，载于《甘肃日报》。

10月1日，辽宁歌舞团演出舞剧《王贵与李香香》。

10月16日，据张江一同志回忆：“李季在玉门创作长篇叙事诗《杨高传》的第三部分《玉门儿女出征记》大约一个多月，李季每天夜里在住处写作，第二天去采访。每天早晨上班时，报社派一位同志去帮李季抄写，随即拿回报社发排。报社专门在第三版辟出半个版面或三分之一版，每天发表一到两章。从1959年10月16日到11月23日，共发表四十二章。这首诗引起职工们很大的兴趣，很多人认真阅读。还有人去找李部长，提出自己的意见，李季非常高兴。”

10月28日，《试谈李季的诗歌创作》载于《文学评论》第5期，作者卓如。

11月，根据李季的长诗《当红军的哥哥回来了》改编的连环画《一个小鬼的故事》由敦煌文艺出版社出版。

11月，戏曲连环画《当红军的哥哥回来了》由辽宁美术出版社出版。

11月，《读〈我和三边·玉门〉有感》载于《长春》第11期，作者吴矣。

冬，李季作《谈新民歌》。

12月，《从〈三边一少年〉想到的》载于《读书》第12期，作者戈茅。

12月，下半年在青海、新疆等地参加“大炼钢铁”。

12月，《红旗手》第12期刊登了由李季作词、瞿希贤作曲的歌曲《高山运河颂》。

1959年，外文出版社出版李季的《我们的油田》（世界语版），收录于《中国文学作品选集》。

1960年38岁：

1月，四幕八场歌剧《王贵与李香香》（重改本），编剧于村、作曲梁寒光，由上海文艺出版社出版。

1 月，李季到广东茂名、川中和云南采访。

1 月，李季在《红旗手》发表文章《保加利亚纪行》。

1 月，《文艺报》第 4 期上，李季发表《驳于黑丁等关于文学创作如何反映人民内部矛盾的谬论》和《关于文学创作如何反映人民内部矛盾问题的辩论》的文章，批判于黑丁等 1959 年在《长江文艺》6、7 月号上发表的文章。

1 月 1 日，李季发表长篇叙事诗《杨高传》第三部——《玉门儿女出征记》，载于《解放军文艺》1 月号。

1 月 7 日，李季发表电影文学《高山运河交响曲》，载于《电影创作》1 月号。

2 月，《一个违背事实的论断——评卓如的〈试谈李季的诗歌创作〉》载于《诗刊》2 月号，作者冯牧。

2 月，散文《苍山洱海间的万朵金花》载于《新观察》第 2 期。

3 月，李季诗歌《玉门女儿行》收录于诗集《剑歌》。

3 月，《读李季诗歌创作漫笔》载于《收获》第 3 期，作者马铁丁。

3 月，李季在《收获》发表诗歌《川中三首》。

3 月，《沿着和劳动人民结合的道路探索前进——略谈李季的诗歌创作》载于《文艺报》第 5 期，作者安旗。

3 月，在北京医院二院住院。

3 月，李季得到在玉门油矿时就是好友的王进喜到安达参加石油会战的消息很想去安达，但因身体和工作的关系未能成行。

1960 年会战最艰苦的时刻，李季就来到大庆。玉门时期的老朋友、会战领导康世恩、焦力人知道李季身体不好，让他住在机关，给他安排稍好点的吃住条件。可他不要这种照顾，跑到钻井前线，同铁人王进喜住在同一间地窝子里。这一对同龄人、两个玉门时的好朋友，白天一起上井劳动，晚上在一个地铺上唠嗑。铁人向李季谈参加大会战的感受，谈要快快发展石油工业的远大抱负；李季称赞铁人干得好，为玉门人、为全国人民争了气，劝他注意劳逸结合，爱护身体……贴心话说也说不完。夜深了，王进喜用罐头盒在原油炉上为李季熬小米粥，让他好好地写诗、改诗。李季望着被炉火映红了的铁人那瘦削的脸庞，想起了延安的生活，眼窝里溢满了激动的泪花。后来，他根据铁人的事迹和自己的体验，写出长诗《钻井队长的故事》，热情讴歌大庆石油会战，颂扬铁人精神，尽情倾诉了他对大庆、对铁人的一片爱。

3 月 26 日，李季作诗歌《心花怒放进茂名》（外一首），载于《人民日报》。

3 月 30 日，《读书》刊登冯牧的文章《一个违背事实的论断——评卓如的〈试谈李季的诗歌创作〉》。

4 月，李季去甘南玛曲收集李贡的材料，回兰州只停留十几天即到北京参加文教群英会。

4 月，李季创作散文《油城春晓》，未发表。

4 月，李季在《人民文学》发表诗歌《茂名歌》（三首）。

4 月，李季在《诗刊》发表《川中歌》（歌词三首）。

4 月 5 日，李季创作诗歌《我们从玉门来》，载于《作品》4 月号。

4 月 8 日，李季的诗歌《在金塘露天矿》《新山海经》《茂名速度赞》载于《人民文学》4 月号。

4 月 25 日，李季创作诗歌《访南充》《龙女》《相见欢》，载于《诗刊》4 月号。

5 月，李季的长篇叙事诗《杨高传》第三部《玉门儿女出征记》由作家出版社出版。

5 月，《读〈玉门儿女出征记〉》载于《解放军文艺》5 月号，作者尹一之。

5 月，《读李季的散文集〈戈壁旅伴〉》载于《读书》第 9 期，作者王沛。

5月24日，李季的诗歌《在一面红旗下》《赠同志》《车中谈话》载于《收获》第3期，其中，《在一面红旗下》收录于诗集《剑歌》。

6月，外文出版社出版李季的《三边一少年》（德文版）单行本。

6月，旅大京剧团携自编的现代京剧《菊花石》参加辽宁省现代戏剧会演。

6月，诗歌评论家安旗所写的对李季石油诗的评论《读反映工业建设和工人生活的叙事诗》，载于《诗刊》6月号。

6月，李季访问捷克斯洛伐克。

6月，李季创作散文《苍山平原间的五朵金花》，载于《旅行家》第6期。

6月4日，诗歌《我们走进群英聚集的会场》载于《光明日报》，李季、闻捷合作。

6月10日，李季作词、瞿希贤作曲的《甘肃跃进歌》《英雄一千四百万》载于《红旗手》6月号。

7月10日，李季发表长篇叙事诗《李贡传》，载于《红旗手》7月号。1963年2月，百花文艺出版社出版单行本，改书名为《李贡来了》。

7月22日至8月13日，第三次全国文学艺术界代表大会在北京召开。毛泽东、刘少奇、宋庆龄、周恩来、朱德、邓小平等接见全体代表。李季代表甘肃文艺界，参加第三次全国文学艺术界代表大会，当选为中国作家协会理事。在作协第三次扩大理事会上，与诗人闻捷联合发言：《诗的时代、时代的诗》。发表于1960年《文艺报》第13、14期。署名李季、闻捷。

7月24日，茅盾在中国作家协会第三次理事会会议上作题为《反映社会主义跃进的时代，推动社会主义时代的跃进！》的报告，他提道："李季的《杨高传》三部曲（即《五月端阳》《当红军的哥哥回来了》《玉门儿女出征记》三部叙事长诗），从土地革命、解放战争写到社会主义的工业（石油）建设，规模宏伟，故事复杂，有各式各样的人物，这些都比《王贵与李香香》前进了一大步；而在艺术形式方面，也有新的发展。《王贵与李香香》是采用了‘顺天游’的曲调的，两句一组；《杨高传》却采用了我国传统的说唱文学的章法，四句一组，一、三句为七言，二、四句为十言，二、四句尾押韵。这样的章法和句法比‘顺天游’更能表现复杂的故事和人物，更能适应长诗的结构所应有的开合和起伏。诗的语言，朴素而遒劲；不多用夸张的手法而形象鲜明、情绪强烈；不造生拗的句子以追求所谓节奏感而音调自然和谐——这都是李季的独特风格。”

8月，山东师范学院中国语文系编印《李季研究资料汇编》。

8月3日，《人民日报》刊登李季和闻捷的文章《诗的时代，时代的诗》。

9月，李季访问苏联。访问苏联阿塞拜疆共和国库巴区第十二国营农场时，场面热烈感人，归途中写诗《难忘库巴水果园》，以此记之。

10月，李季访问保加利亚。

10月1日，《大跃进的战鼓——〈第一声春雷〉〈我们遍插红旗〉读后》载于《甘肃日报》，作者吕祥麟。

11月9日，李季的诗歌《雨夜吟》《老人金平山》《新城赞》载于《人民日报》，收录于诗集《海誓》。

11月28日，李季的诗歌《玫瑰村一工人》《布加斯电缆厂的女工们》《喀山烈克的玫瑰》，载于《人民日报》，收录于诗集《海誓》。

12月5日，李季的诗歌《俄斯特拉发》《咏玻璃》《雨帽》载于《人民日报》，收录于诗集《海誓》。

12月8日，李季的诗歌《中华烟的故事》《一次无声的谈话》《飞向北京》载于《人民文学》12月号，收录于诗集《海誓》。

年初，李季调中国作家协会，除赴日本访问和接待两个日本代表团，并短暂任外委会代理主任外，短暂在大庆，至 1962 年年初。

1 月，在科伦坡举行亚非作家常设委员会会议，决定 3 月在日本东京召开一次亚非作家东京紧急会议，会议的中心议题是亚洲当前的形势和作家的任务。国务院领导十分重视这个会议，为了开好大会，派出了一个庞大的代表团。团长巴金，副团长刘白羽、谢冰心，秘书长杨朔，副秘书长李季、林林。

1 月 10 日，李季的诗歌《玛丽亚的怀念》《白施特拉地下水电站》《血蘑菇》《爷爷和孙子》，载于《红旗手》1 月号，收录于诗集《海誓》。

2 月 12 日，李季发表小说《马兰》，载于《人民文学》1、2 月号合刊。小说发表后引起文坛关注，评论文章纷至沓来，如王宗法的评论《可贵的艺术追求——读〈马兰集〉漫笔》、黄益庸的评论《像马兰草那样朴实——读李季的〈马兰集〉》。1963 年，《中国文学》第 11 期转载李季的小说《马兰》，并向国外介绍。

2 月 14 日，李季作诗歌《白桦与青松——寄一苏联同志》，载于《人民日报》。

2 月 14 日，李季诗歌《访苏诗抄》（三首）载于《光明日报》。

2 月 23 日，李季的诗歌《夜过莫斯科》载于《人民日报》。收录于诗集《海誓》。

3 月，《评李季短篇小说〈马兰〉》载于《文艺报》第 3 期，作者马铁丁。

3 月至 4 月，李季随中国作家代表团赴日本，参加“亚非作家会议东京大会”。在日本逗留期间，先后访问了京都、大阪和琵琶湖等地。访问途中，感于日本人民对中国的友谊，仿日本“和歌”形式，试写了几首小诗：《飞机中望富士山》《大阪歌》《琵琶湖荡歌》。

4 月 11 日，中国作家代表团访问日本长野县，赠书法一幅给长野县华侨总会。当天，代表团出席了长野县知事和市长在妇女馆举办的酒会，巴金在会上讲了话，同行者有刘白羽、谢冰心、沙汀、李季、韩北屏、刘德有、叶君健、林林、吴学文等。

4 月 17 日，从日本镰仓到箱根访问，途经热海时，陪同的一位日本作家向李季讲述了一个美丽感人的民间传说，李季根据他的讲述，作长篇叙事诗《海誓》，此诗载于《诗刊》5 月号。

4 月下旬，亚非作家紧急会议在北京召开，其间，巴金、谢冰心、沙汀、叶君健、刘白羽、李季、林林、刘德有等作家合影。

5 月 31 日，《上海文学》第 5 期刊登贺光鑫的文章《有感于诗人李季写小说》。

6 月，李季作品《戈壁旅伴》由玉兰译成蒙古文，由内蒙古人民出版社出版。

6 月 1 日至 28 日，中宣部在北京新侨饭店召开文艺工作座谈会，讨论“关于当前文艺工作的意见”（即“文艺十条”的初稿）。周扬在会议结束时作总结报告。

7 月，李季作诗歌《一听说鲁艺来了人》《宝塔上天了》《延安夜月》《喜见延安一同志》，收录于诗集《剑歌》。

7 月 14 日，李季在《人民日报》发表短诗《回延安》。

8 月 1 日，李季创作儿童诗剧《奈良川的大石桥》，这是根据日本民间传说写成的。他还根据访日的见闻，创作了一些短篇叙事诗和描写日本自然风光的抒情诗。

8 月 3 日，李季创作诗歌《借刀》，收录于诗集《海誓》。

8 月 4 日，《人民日报》发表李季的作品《歌——忆访日所感并欢迎日本合唱团》。

9 月，《诗歌〈飞机中望富士山〉〈大阪歌〉〈琵琶湖荡歌〉，含英咀华——读书小札》，载于《诗刊》第 5 期，作者邹荻帆。

9 月，根据李季叙事长诗《杨高传》改编的评剧《三边姑娘》上演，改编者为孙天荣、毛长富、杨兆岐、李明、周家善。首演单位是旅大市评剧团，首演者有金秀琴、陈笑四、郭兰君、赵福祥等，首演地点在大连评剧院。

9 月 27 日，《人民日报》发表李季的短诗《相见欢》（二首）。

10 月，李季写作《海誓》后记：“从一九六〇年五月到一九六一年四月，这一年间，我先后访问了欧洲和亚洲的四个国家。这本集子里的二十几首诗，都是根据这些访问的印象写成的。写作的时间，一部分是在访问旅行途中写成初稿，回国以后修改定稿的，其余大部分是在国外记了几个句子，或者写了一些片段，回到国内以后写成的。”

10 月，人民美术出版社出版《王贵与李香香》，版画家彦涵插图。此插图本，正文的每个章节都配有一幅插图，共计十二张，均为套色木刻。这套插图版《王贵与李香香》在莱比锡国际书展上获得金奖。李季对这套插图给予了高度评价：“对我的诗来说，是锦上添花。他的画丰富和补充了我的诗。”

冬，李季冒着零下 30 摄氏度的严寒，到大庆参加会战。他同工人们一起宿工棚，住地窝，啃窝头，饮冰雪。在大庆，有一天李季发现王进喜不见了，到处寻找，才见他独自蹲在野地里，一动不动地思考着什么问题，一问才知道他正在想着给工人和家属盖“干打垒”的事。李季摸摸铁人的手，冰冷冰冷的，问他身上的老羊皮哪里去了，铁人说脱给了在井场值班的技术员。李季一听，感动得落了泪，立刻脱下他当年在兰州买的一件老羊皮大衣，披在铁人的肩上。

11 月，李季创作诗歌《难忘库巴水果园》《赠彼德洛夫》《巴库人问候玉门人》《马雅可夫斯基广场奇遇记》，载于《诗刊》11、12月号，收录于诗集《海誓》。

11月，李季的诗集《海誓》由作家出版社出版。

11月26日，《读〈王贵与李香香〉》载于《工人日报》，作者耿之。

12月21日，《马兰草的英雄形象》载于《新民晚报》，作者二鳖。

1961年，外文出版社与斯里兰卡出版社合作出版《王贵与李香香》（僧伽罗文版）单行本。

1962年40岁：

1月，李季在大庆油田深入生活。接触了不少从石油师转业来油田的石油工人和钻井队长，创作了一首歌词《东西南北任我闯》，表现了他们脱下军装换工装、身背钻机走四方的气魄。

1月，《九州生气恃风雷》载于《文艺报》第1期，作者袁鹰。该文的一些段落对李季的长篇叙事诗《海誓》进行了评论。

1月6日，李季小说《马兰》的评论文章《是马兰还是马蔺》载于《光明日报》，作者藤生。

2月5日，李季作诗歌《石油诗——给一个石油工人祝贺春节的信》，载于《人民日报》。收录于诗集《剑歌》。

3月，外交部翻译周斌说："在经济上热情帮助过我的还有著名诗人李季。三年困难时期，像李季这样级别的干部，每月都可以从特供商店买回少许食用油、白糖、鸡蛋和鲜肉。那时他几次把我请到他家共同享用，吃个精光。用他的话说，就是要'有福共享'，并帮我这个小青年'增加营养'。"

春，李季参加中国作协干部培训班。

3月，周扬在延安"鲁艺"的学生李建彤创作了长篇小说《刘志丹》。修改到第五稿后，请周扬审阅，周扬看过稿件之后，大加赞赏，遂向李季建议，挑选其中部分篇章先行在《人民文学》发表。

4月，李季创作小说《五级采油工》。

4月19日，在毛泽东同志《在延安文艺座谈会上的讲话》发表二十周年纪念日的前夕，刚刚参加了第二届第三次全国人民代表大会的诗人和首都的诗人们，欢聚一堂，就当前诗歌问题进行座谈。春夏之交，《诗刊》社举办了一个高规格的诗歌座谈会，与会者有朱德、陈毅、郭沫若、周扬、柯仲平、萧三、谢冰心、袁水拍、冯至、卞之琳、田间、张光年、阮章竞、李季、林庚、赵朴初、俞平伯、徐迟、闻捷、臧克家等五十多位诗人和诸多负责人。这种高规格的诗歌座谈会在新中国建立后是仅有的一次。

4月，《试论李季的诗歌创作》载于《甘肃文艺》4月号，作者孙克恒。

5月9日，《新英雄儿女的激情赞歌——读李季的长诗〈王贵与李香香〉》载于《甘肃日报》，作者孙克恒。

5月10日，李季的歌词《天上边有云》《东西南北任我闯》《招魂灯》载于《诗刊》第3期。

5月20日，《中国作风和中国气派——重读〈王贵与李香香〉》载于《文汇报》，作者潘旭澜、曾华鹏。

6月，李季任《人民文学》副主编。

6月1日，李季为两个诗剧写了后记。

6月12日，李季创作《五级采油工》，发表在《人民文学》6月号，收录于短篇小说集《马兰集》。

秋，李季去大庆油田深入生活后，又很快赴越南访问。访问越南期间以及此后的反映越南人民抗美斗争和中越人民之间友谊的诗篇，均收录于短诗集《剑歌》。

9月，甘肃人民出版社出版短篇小说集《祁连晨曲》，收入于一凡（李季）的作品《五级采油工》。

9月27日，李季的诗歌《九二河内即兴》《相见欢——赠阮文丁同志》载于《人民日报》，收录于诗集《剑歌》。

10月，李季作诗歌《海防有个小姑娘》，收录于诗集《剑歌》。

10月，李季在北京接待日本文学评论家中岛健藏。

10月5日，李季作诗歌《三千笑脸》《莲蓬》《眼睛》，载于《上海文学》10月号，收录于诗集《剑歌》。

10月12日，李季的散文《中秋书简》载于《人民文学》10月号。

11月，李季的叙事诗《奈良川的大石桥》由中国少年儿童出版社出版单行本。

1963年41岁：

1月，中国作协和《人民文学》在全国抓文学苗子，在北京举办文学培训班，给文学培训班上课的都是全国顶尖的作家、学者，他们是周扬、周立波、叶圣陶、茅盾、张光年、张天翼、吴祖缃、叶君健、李季、侯金镜等。

1月1日，李季发表散文《祝福随笔》（之一）——《祝春捷》，载于《甘肃文艺》第1期。这组散文共九篇，其他八篇以后陆续发表在《甘肃文艺》等刊物上。作品描写了石油工人在艰苦的条件下开发大庆油田。因那时大庆油田开发没有公开，故根据“安达”是蒙古语“祝福”的意思，取名《祝福随笔》。

1月22日，李季发表短篇小说《脊梁吟》，载于《人民日报》，后收录于短篇小说集《马兰集》。

2月，李季的诗集《李贡来了》由百花文艺出版社出版单行本，彩画封面。长诗歌颂甘南藏区医生李贡。

2月1日，李季的散文《祝福随笔》（之二）载于《甘肃文艺》第2期。

2月2日，作者吴中杰、高云以《为大无畏的英雄塑像》为题，对李季的《脊梁吟》进行了评论，载于《文汇报》。

2月27日，鹤仙为李季的《小羊羔》写的评论文章《小羊羔——一个动人的故事》，载于《北京晚报》。《小羊羔》是李季根据自己在三边乡村的生活为少年儿童写的一首叙事诗。

3月1日，李季散文《祝福随笔》（之三）载于《甘肃文艺》第3期。

4月7日，李季的长篇叙事诗集《三边一少年》由人民美术出版社出版。

4月12日，李季作诗歌《那时候在太行山》，载于《人民文学》，收录于诗集《剑歌》。

5月1日，李季的诗歌《寄南天》载于《长江文艺》5月号，收录于诗集《剑歌》。

5月18日，李季的长诗《剑歌》（一章）载于《光明日报》。

7月，李季的诗歌《剑歌——越南的传统》载于《诗刊》。

8月，李季去大庆油田深入生活。

8月2日，李季撰写《剑歌》后记。

9月，《现代文学手记》载于《延河》9月号，作者胡复旦。该文对《王贵与李香香》进行了评论。

10月，作家出版社出版《王贵与李香香》，杨永青绘制插图。

11月，由中国科学院文学研究所《十年来的新中国文学》编写组编写的《十年来的新中国文学》（试印本），由作家出版社出版。书中评论了李季十年来的一些作品。

12月，《评〈王贵与李香香〉》载于《北方文学》12月号，作者陶尔夫。

12月，李季到大连找正在那里养病的刘白羽约稿，刘白羽问李季，你想到过打仗没有，许多人忘记了战争时代的艰苦生活，刘白羽说经常想到战争。

12月，经中央安排，由石油部余秋里部长、康世恩副部长为北京市市级机关干部、院校作大庆会战情况的报告，另外，给中央直属机关和国家机关的干部作大庆会战情况报告。作协代表团也听了这个报告。朗诵家殷之光在会上朗诵了李季的《石油歌》，接着作家赴大庆慰问团就组建起来。由中国作协全国各省分会的作家，还有艺术家等四十人组成，其中作家有张光年、李季、赵树理、周立波、艾芜、徐迟、周韶华，曲艺界的名家有天津快板书艺术家李润杰，北京的相声艺术家马季、于世猷，琴书艺术家关学增，歌唱家胡松华，舞蹈家赵青，演员王晓棠，剧作家孙维世，朗诵家殷之光等。李季为慰问团副团长。

1964 年 42 岁：

1 月，李季在《解放军文艺》1 月号发表长诗《向昆仑》。他说：“我在这首诗里，穿插我自己的生活经历，写了我那一时期对国内外形势的看法。”

2 月，诗评《向昆仑》载于《文艺报》第 2 期，作者康文。

2 月，《〈王贵与李香香〉的艺术特色》载于《哈尔滨师范学院学报》第 2 期，作者王敬文。

2 月，《〈王贵与李香香〉和信天游》载于《民间文学》第 2 期，作者刘守华。

2 月 1 日，李季作散文《祝福随笔》（之四），载于《甘肃文艺》第 2 期。

2 月 13 日，李季的诗歌《致以石油工人的敬礼》载于《人民日报》，收录于诗集《剑歌》。

3 月，李季的短诗集《剑歌》由百花文艺出版社出版，这是李季 60 年代创作的短诗和访问越南的诗歌的合集。

3 月，音乐出版社出版歌剧选曲《受苦人一心闹革命》，选自歌剧《王贵与李香香》齐唱，重磅胶版纸，李季、于村词，梁寒光曲。

3月1日，李季作散文《祝福随笔》（之五），载于《甘肃文艺》第3期。

3月2日，李季的诗歌《石油歌》载于《中国青年》第5期，收录于诗集《石油诗》第一集。

3月2日，李季随中国作家协会赴大庆慰问团到大庆。

3月4日，慰问团进行第一次慰问演出，首演在采油一厂，那里有大庆唯一的俱乐部。演出由副团长李季主持，团长张光年致慰问词，石油部康世恩副部长致欢迎词。

3月31日，《诗刊》刊登杨扬的文章《革命家常、战士情怀——略谈李季的长诗〈向昆仑〉》。

4月1日，李季的散文《祝福随笔》（之六）载于《甘肃文艺》第4期。

5月，越剧现代剧《春到草原》（又名《红色医生》）首演，王绍舜、何贤芬、方海如、俞德丰编剧。《春到草原》根据《青年英雄的故事》中李贡烈士为藏民植皮治伤的先进事迹，并参考李季叙事长诗《李贡来了》及据长诗改编的歌剧本编写而成。1964年5月，浙江越剧二团首演于杭州，方海如导演，周大风作曲，南式仁舞美设计。

5月，李季带着《人民文学》编辑萧德生、徐敏岐等几个同志到河北晋县做调查研究工作，还到农民诗人侯立身同志那里访问。

5月1日，李季作散文《祝福随笔》（之七），载于《甘肃文艺》第5期。

5月12日，李季在《人民日报》发表长篇叙事诗《钻井队长的故事》。

5月28日，《对石油工人的颂歌——赞李季同志的〈钻井队长的故事〉》载于《成都晚报》，作者钟流、张衡哲。

6月，评论《向昆仑》，载于《文学评论》第3期，作者井岩盾。

6月1日，李季的散文《祝福随笔》（之八）载于《甘肃文艺》第6期。

6月20日，李季作散文《血泪和书寄天涯》，载于《世界文学》第6期。

7月1日，李季的散文《祝福随笔》（之九）载于《甘肃文艺》第7期。

7月4日，《写不尽革命情怀——谈李季的长诗〈向昆仑〉》载于《光明日报》，作者谢冕。

7月29日，《可亲可敬的“国际迷”——谈李季长诗〈向昆仑〉中的老祁形象》载于《北京晚报》，作者文鹏、匡满。

夏，李季来到宁夏，在当年盐池的老同事、老朋友，时任宁夏文联主席朱红兵陪同下专程到盐池看望一起工作过的老同事和乡亲们，他们不让县委和县政府招待，而是拉上老同事张志良等人到饭店里，自己掏钱要手抓羊肉招待大家。他们还到距县城十多里的四墩子村看望了农民歌手王有，赠送王有一些民歌资料和笔记本等。鼓励王有继续从事民歌创作和整理，促膝扯磨了半晌，还与王有合影留念。

8月10日，李季作诗歌《寄越南兄弟》，载于《人民日报》。

9月25日，《挥起长剑除恶魔——读李季诗集〈剑歌〉》载于《郑州晚报》，作者翟宝义。

10月，音乐出版社出版《石油小唱》，由李季作词、马可作曲。

冬，李季加入中国作协党组。

冬，李季致刘白羽同志的信（摘录）：“我于十四日离京，现已到达这里。这里的情况，比我所听到的和想象的都要好，特别是这里人们的那种朝气，真使人感奋。年来外边的那些风，这里好像很少波及。人们既苦（居住，生活条件）且乐——在不到两年的时间里，拿下了好几个玉门和克拉玛依，他们怎能不乐呢？最近少奇、小平以及许多中央负责同志，都来参观了。虽然遍地土房，有时间的话，真该来看看。”

12 月 24 日，下午 4 时，毛泽东、刘少奇、周恩来等在北京人民大会堂北京厅，接见亚非作家代表团，在合影后与大家一起座谈。陪同接见的中国作家有刘白羽、张光年、韩北屏、李季、袁鹰等人。

12 月 31 日，时任《人民文学》副主编的李季向中国作家协会第二期青年作家轮训班的全体学员拜年。

1965 年 43 岁：

1 月，继续任《人民文学》副主编。

1 月 1 日，在新年欢乐的钟声里，刘白羽代表中国作协在四川饭店宴请出席全国人大三届一次会议的部分文艺界代表，出席宴会的有巴金、沙汀、严文井、柳青、李季、田间、欧阳山等。

2 月 11 日，李季的诗歌《给人民军的一位青年战士》《给河内诸诗友》载于《光明日报》，由作家出版社出版短诗集《石油诗》第一集。诗集收入李季 1953 年春至 1964 年年初，所写的以石油工业战线生活为题材的短诗四十四首。同月，《石油诗》第二集也由作家出版社出版，诗集收入作者反映石油工人生活的两首长诗《生活之歌》和《向昆仑》。

5 月 10 日，李季作诗歌《心心向越南》，载于《文艺报》第 4 期。

5 月 24 日，李季作诗歌《怀山庄》《春雷》《榜样》《送行曲》《你这个美国兵》，载于《人民日报》。

8 月，中国作协党组调整，党组书记刘白羽，副书记严文井、张光年，成员张天翼、李季、侯金镜、冯牧。

1966 年 44 岁：

1 月，李季继续在中国作家协会工作和任《人民文学》副主编。因工作繁忙，上半年没有发表石油的诗歌作品。但他利用工作余暇构思了反映石油工人生活的散文和小说，收集整理了多年深入生活的心得体会，打算写自传体小说，后来，由于“文化大革命”开始，致使上述写作计划未能实现。但他在小说的创作方面曾有过探索和追求，已发表过十几篇小说。

6 月 28 日，李季在北京出席亚非作家紧急会议。这次会议有五十二个国家和地区、四个国际组织的代表、观察员共一百五十二人出席会议。晚上，世界记协的香木多在北京饭店举行招待会，招待参加亚非作家紧急会议的作家们，在这次宴会上，李季认识了应约前来参加会议的作家浩然。

夏，毛泽东、刘少奇、周恩来接见亚非作家紧急会议各国代表团主要成员，李季参加了接见并合影。

8 月，据阎纲《旧时〈文艺报〉，曾是雨打风吹处》一文回忆说：“文联大楼的前院成了黑帮示众的现场，时间一到，人山人海。……诗人李季、贺敬之也不例外，管你是红小鬼还是老延安，统统拉出来。”

8 月 13 日，数位作家搬到北京东城区顶银胡同接受审查。

秋，李季被抄家。李季对邻居说：“书籍是可惜的，其他都是身外之物，将来可以再买。友谊却不能用金钱买来。”

1966 年，李季的《王贵与李香香》手稿由西安市文物局捐给延安革命纪念馆，作为一级文物展出。

1967 年 45 岁：

1 月 19 日，造反派夺了作协党、政、财、文大权，成立了以新调来的大学毕业生为核心小组的革命造反团。造反团为了再夺作协的外事权，特邀国际友人参加，开会批斗刘白羽、邵荃麟、严文井、李季、韩北屏等，以及陪斗的一长排“牛鬼蛇神”。

吴象回忆：“5月的一天，我躲开别人，故意多换了几次电车，悄悄来到了李季的宿舍，他又惊讶又高兴，赶紧拉我坐下，关切地询问我被冲击得怎么样？劳动重不重？身体顶得住顶不住？这时，夺权的高潮已经过去，下一步会出现什么灾难还捉摸不定。李季已经多次被批斗并被抄家，小为说：‘不知道什么时候就来了，屋子里经常被扔得乱糟糟的，收拾也没法收拾。这还不说，可李季有心脏病，经常运煤卸车，实在叫人担心。’李季却打趣说：‘我们这些修正主义老爷，劳动劳动对改造思想有好处，对锻炼身体也有好处嘛！’谈了一阵，他终于激昂起来，睁大着眼，嗓门也高了：‘说你反党反社会主义？！我也有这一条。我们这些人，都是吃八路军的小米长大的，怎么会反党反社会主义呢？这可能吗？老实讲，我们是堂堂正正的共产党员，不是反党的，而是爱党的；不是反社会主义的，而是爱社会主义的。’小为说：‘你看你，声音小一点好不好？’他却更激昂了：‘我偏要大一点！谁爱听就听去，难道我说的不符合实际吗？’”（吴象回忆录《党的战士和诗人——李季》）

5月31日，李季写《关于作家袁静的情况》：“一九五一年秋天，湖北荆江分洪工程结束后，组织上指定我同莎莱和袁静、孔厥在武汉共同写一个反映这个工程建设的电影剧本。在此以前，我同他们两人不认识。我们在一起搞了一个多月，由于生活基础不厚实，和彼此创作思想、作风都不一致，最后终于没有写成，电影局另调他们去写别的剧本去了。在这一个多月的接触中，感到他们两个人政治水平很低，生活趣味和作风上更是给人以低劣的感觉。那时她同孔厥几乎每天晚上吵架、打架，白天共同研究剧本提纲时，两个人也常是动不动就为一些不相干的生活问题吵了起来，很不像话。除这次相处一个多月外，再没有同她接触过，只是偶尔见个面，打个招呼。只听说，她同孔厥离婚后，在天津又结婚了，写了几个儿童文学作品，别的就不知道了。”

5月31日，李季写《关于我所知道的作家王林的一些情况》：“一、我同王林没有在一起工作过，同他接触很少，对他很少了解。过去只听人说陈企霞主编《文艺报》时，曾批评过他写的反映冀中抗战斗争的小说《腹地》，他好像挺不满意。前几年，又听说他写了一部反映西安事变的小说，在《新港》连载。他的这两个作品，我都没有看过，印象里，觉得这个人就是写点过去题材的作品，不大接触新的生活。二、一九六四年春，作协组织‘作家慰问团’到大庆之前，听说他不知道通过什么关系，打算到大庆去参观，当时他到北京来，住在天津办事处里。后来他提出参加‘慰问团’一起去，经党组批准，就作为一个团员一同去了。同他一起去的，还有天津的两个工人作者阿凤和万国儒。在慰问团里，因为他年龄稍大些，同时又是分会负责人，我们对他还是比较尊重和照顾的。慰问活动结束后，我就回到北京了，对他继续留在那里的表现，我不清楚。三、一九六四年夏天，我收到王林从天津寄给我的一封信，并收到他要百花文艺出版社寄给我的一本他编的大庆工人诗选的校样，他除了要我对他编的大庆石油工人诗选提意见之外，还希望我给他的这本书，写一篇序。……”

6月8日，李季写《关于马烽、西戎、孙谦、李束为等人的情况》。

7月20日，李季写《关于我在兰州工作和李秀峰、徐刚的情况》。

8月3日，李季写《关于张仲良的谈话和〈红河激浪〉的情况》。

8月12日，李季写《关于六二年春干部轮训的材料》：

“……六二年二月春节时我从大庆回来，计划过罢春节再去大庆。春节后，机关通知我，要我参加党内十七级以上干部的轮训。

“轮训可能是六二年三月间开始的，时间是一个半月。轮训开始时，好像记得由张僖代表党组宣布，党组和总支决定，这次轮训由侯金镜负责，并由侯和我及王翔云三人组成核心组，负责领导学习。学习共分两个组，一组是我负责，一组是王翔云负责，侯金镜总的领导。

“在轮训过程中，还进行了好几次文件传达。现在回忆起来的，有中央政治局各常委在七千人大会上的讲话，和中央当时批邓的许多文件（我记得陈云关于财经问题的讲话，就是以中央批发的文件的形式下达的）。当时传达的文件很多，好像隔了几天，就有文件传达。轮训期间，还同机关的同志们一起听过关于广州会议的传达。

“轮训开始的第二天还是第三天，刘白羽代表党组做过一次‘启发动员报告’，后来大家漫谈讨论时，党组的刘白羽、严文井和张僖都去参加过（邵荃麟去过没有，我记不得了）。刘白羽‘报告’和严文井他俩去参加讨论漫谈时说的话，因当时规定不记笔记，当时只是听听，现在已经记不起具体内容了。经昨天和今天的反复回忆，张僖去过几次，主要是安排生活，征求对生活的意见。（轮训期间，根据中央通知，有生活补助，最后结束时，还把结余的伙食费，加上各人又凑了些钱，在馆子里聚餐过一次。）

“由于当时规定不作记录，我在整个轮训期间，什么笔记也没有写过，每个人都讲了些什么，过后都记不起来了。印象里，侯金镜曾在几次发言时，说他对那几年的形势，是一时明白一时糊涂。说他脑子里有两根弦，对反‘左’容易感觉到，对‘右’就有些迟钝。黄秋耘说过我们在国际上一反修，他就感到国内思想战线上也会有斗争，说他有紧张感。曾在怀来花园基地劳动过的几个人，谈了不少对生产基地和农村的看法。几个在办公室工作的同志，对机关党的生活提了不少意见。记得陈海英谈对丁宁的意见时，都气哭了。（我在会上的发言，在第二部分单另写。）

“轮训结束时，党组要写一个小结，提几条经验，以备再办第二期轮训班的参考。记得由侯金镜写了个稿子，同我及王翔云谈过一次，就报党组了。小结的具体内容，回忆不起来了，只是笼统记得，主要是讲怎么消除顾虑，使大家放开讲话，提意见。好像把刘白羽的‘启发动员报告’和刘白羽、严文井等党组负责人去参加漫谈，也列为一套成功的经验。后来党组讨论时，我也被通知列席，讨论时，党组还认为这期轮训班是办得好的，成功的。邵荃麟还一再嘱咐总支，要把大家谈的有关机关工作的意见，分类整理出来，逐项改进。我还记得，旧中宣部党委好像关于干部轮训，还专门出过几次类似通报的东西，作协的这个轮训小结和‘经验’，仿佛也被摘要介绍过。还听说负责第二期轮训的张天翼等人，还找侯金镜谈过一次所谓‘经验’。

“在漫谈发言时，我说过：1. 六〇、六一年时，我还认为这点困难算不了什么，不要说比长征，就连抗日战争时的困难也比不上。根据经验，只要党中央一抓，很快就会过去。后来，困难形势严重了，我认为伤了元气，恐怕得三年五年才能恢复，有一些，怕还得更长一些时间。2. 我说过黄猫黑猫，吃了老鼠都是好猫，当前国家缺粮食，多打粮食，多打粮食最重要。3. 北方天气冷，柴草又缺，一般农民都是连锅灶，既做饭又烧炕，搞了公共食堂，解放了妇女劳动力的做饭的时间，但各家还得再烧炕取暖，费柴草燃料。4. 遇到刮‘五风’，瞎指挥，就要顶住。但上级一定要执行，只好服从，遵照执行，事后提意见。在讨论时，我对工业发过一次言，发言内容如：1. 基建战线铺得太长，摊子太多，说上都上，困难时，有些不该下马的，只要稍微再努把力就可以投入生产力的，也下马了，这不该。2. 有些指标定得太高，不切合实际情况。3. 不按规章制度，旧的不合理的废除了，新的未及时建立起来，有些青黄不接。4. 有些机器设备应进行维修，但一直在使用，这对延长使用年限不利。5. 注重了革命干劲，忽略了科学精神，对一些技术干部的作用，发挥得不够。6. 比例失调，工农业之间，这几年工业发展得多了一些，工业内部这一工业和那一工业的比例也有些是不恰当的。7. 多头领导，地方为发展地方工业，而从中央直属工矿抽调机器设备，影响了中央直属企业完成国家计划。8. 技术革命，过大于功，说科学技术不能光靠人海战术，一拥而上，要认真研究，不然损坏了机器设备，又耽误了生产任务的完成，劳动生产率也不高。9. 协作关系，旧的协作，因他厂生产别的产品而接不上。10. 不务正业，主要说总理批评有些管工业的部搞文工团很热心，而不认真搞专业。11. 不走群众路线，主要引用全总给中央的一个报告，说很多工人提的合理化建议被积压，得不到及时处理。12. 工矿企业的专职党委书记，一般比行政干部（厂长）级别低，能力弱，这对贯彻党委领导下的厂长负责制不利。另外，在轮训时，关于大庆我说过这样的话：大庆（那时称安达）的主要领导干部，要工人注意劳逸结合，而他们自己都没明没夜地工作，睡觉很少，有的累病了。（这些话，我在大庆时，也对大庆的领导们当面提过。）…… 李季 1967 年 8 月 12 日”。

9 月 25 日，李季写《关于徐刚调任兰州工作的经过情况》。

夏，李季被定为黑线人物，整天接受批斗、审查、劳动以及在家里写交代材料。

10 月 21 日，李季写《关于抗大一分校的一些情况》。

11 月 23 日，李季写《关于苏云的一些情况》：

“我是四二年二月，到太行（晋东南）鲁迅艺术学校文学研究班（即文学系）学习时才认识苏云的。那时他在美术系学习，我印象里，他好像是上一期就在那里学习的老学生。

“我到学校后不久，敌人即开始二月‘扫荡’，接着又是五月‘扫荡’，根本没有进行正式学习。二月‘扫荡’时间比较短，五月‘扫荡’时间很长，从开始到结束，连续了两三个月。五月‘扫荡’开始时，整个学校是在一起行动的，但在进入敌人包围圈之后，几次集体突围失败时，领导上就决定分散突围。分散突围时，我同苏云不在一起。我是比较早从包围圈中出来的，我印象里，苏云是中间突围出来的。他同什么人一起突围出来，我记不得了，但绝对没有听到他曾被俘的事。

“五月‘扫荡’后，大约是四二年九月间，组织上根据中央精兵简政、缩小后方机关的指示，决定整个学校迁回延安。当时除了部分学生介绍回原部队、原单位之外，其余全部教职员和学生，都随学校一起从晋东南出发回延安。行军到晋中敌人封锁线边沿区时，根据掩护部队（武工队）的安排，要我们分成两批过封锁线。苏云是第一批，他们先过。我们在晋东昔阳（？）一带的边沿区，又待了些日子（约一个月左右），才过封锁线，最后在晋西北兴县一带的一个村子里，才同他们会合在一起。

“当时晋西北正筹备成立鲁艺晋绥分院，学校决定把苏云等一批人留下。我们在晋西北只停了约一个星期的时间，就在四二年年底时回到延安。这以后，一直到解放后，才同苏云又见面。

“解放后，可能在五六年前后，记不清是听什么人说的，还是在什么地方碰到的，我曾约苏云在一个星期天的上午，到我家去玩（那时我住在北京南长街）。当时由于多年不见面，彼此都谈了在晋绥分别后个人的经历（这时我才知道他搞电影技术工作，但那时他还不是副厂长），还交谈了各自所知道的当年同在一起的同志们现在都在什么地方工作的话。那天因他另外有事，在我家吃过午饭后就走了。这次见面，我印象里他不像四二年时那样活泼了，觉得更老练成熟了。

“解放后，我同苏云见第二次面，是六三年春，那次文化部电影局约请全国各地同电影有关的作家，到北京来看‘参考片’，他也来了。我在去招待所找作家约稿时，曾经碰到过他，这次见面只是打了个招呼，没有多谈话。

“这以后，我印象里，好像还同苏云见过一次面，但确切的时间回忆不起来了。这次见时，可能还约请了侯恺和侯的爱人白燕。我曾对他谈了我去过大庆，他说如再有机会，再路过长春时，可以到他们厂里看看的话。

“除了这次见面外，再没有同苏云有任何接触，也没有通过信。在这几次见面时，除上述谈话内容外，由于我同电影界的关系不是那么熟悉，加上他又是搞电影技术，关于业务上以及电影厂、电影界的事很少涉及。

“这就是我同苏云认识以来，往来接触的全部情况。

“关于苏云四二年在晋东南鲁艺时，是否党员，以及他转正的情况，因事隔二十多年，加上我同他不是在同一个系学习，也不是一个党小组，经过几天反复思考回忆实在记不清了。我连那时自己是否是支部委员都回忆不起来了。不过，根据对那时情况的回忆，印象里他很单纯、热情，一天很活泼，学习、工作都很积极，他完全可能是个党员或候补党员的。说他候补期转正时，由我在会上介绍情况，这也是完全可能的。这件事，关系到一个同志的政治生命，我建议最好能找当时和苏云同在美术系学习的人，更准确地予以证实。现在就我记得起来的一些当事人，开列如下：

“程西（当时学校的支部书记，上海人，现在不知在何处工作）。

“陈超（当时学生队的专职队长，河南人，他同苏云也比较要好，学生中谁是党员，他是最清楚的。现在也不知道在何处工作）。

“杨海、肖菲（当时美术系的教员，现在沈阳鲁艺）。

“常苏民（当时音乐系的教员，现在成都四川省文联）。

“苏晖（北京文化部雕塑工厂）、侯恺（北京荣宝斋）、张宇平（不知现在何处工作）、白炎（可能在北京人民美术出版社），这几个人，都是当时美术系的学生，和苏云是同一个系，苏云的党的生活会也是同他们一起过的，他们是会了解的。

“谷曼（当时叫王馥，现在湖南省文联）、叶茵（北京中国音乐学院）、李苗（新疆自治区党委），前两人是当时文学系的学生，后一个是当时音乐系的学生。

“以上苏辉、张宇平、侯恺、谷曼、常苏民几个人，除四二年在晋东南鲁艺同苏云一起学习外，四二年后，在晋西北还继续同苏云在一起工作、学习过。李季 1967.11.23”。

1968 年 46 岁：

1 月 8 日，继续被“审查”，《我的写作经历》是写的“交代”材料，发表于 1980 年《新文学史料》第 4 期，署名李季。

2 月 16 日，李季写《关于郑挺的一些情况》：

“我是 1943 年春天，在陕甘宁边区靖边县完小当教员的时候认识郑挺的，他那时在靖边县张家畔中心小学当教员。由于两个学校相距较远，平时又都忙于教课，彼此很少往来，我在靖边完小当教员的四个月里，只同他见过一面。

“1943 年八月间，我俩一同由靖边调往三边地委整风训练班参加整风审干。在整风过程中，由于我同他不在一个小组，对于审干他的政治历史情况我不了解。

“1944 年春，我由整训班调出分配在三边专员公署任教育科员，他也在这前后调到三边地委宣传部领导的《三边报》社工作（开头好像是担任缮写，不久之后就负责印刷发行工作），彼此有些工作关系，但往来不是很多的。

“1946 年四五月间，我调到《三边报》社任社长，开始同他在一个单位工作，一直到 1947 年底，我们一同调任西北局为止。此后再没有同他见过面。1951 年前后，我在武汉工作时，曾收到过他的一封信，除此之外再没有任何往来接触。

“我对郑挺的印象是：他的工作是认真负责的，在当时陕甘宁边区被敌人封锁的情况下，他克服各种困难，保证了报社的印刷出版，这一方面，领导和同志们都是一致予以肯定的。当时感到他的最大缺点是胸怀比较狭窄，政治上很不开展。在同其他单位的关系中有些本位主义的思想表现。

“现在记得起来的，有关他家庭生活的问题，一个是他的爱人年龄比他要大一些，曾经听说他父亲打算把他爱人送来，他好像坚持不同意；另一个是，记不清是他家中还是他爱人家中，有人是信天主教的。

“关于他的入党问题，我现在实在记得不是很准确了。根据对当时情况的回忆，他于 1946 年经我介绍入党的可能性是比较大的。但除我之外另一个介绍人是谁，我就记不起来了。至于当时对他的政治历史问题，我不记得又进行审查没有，很可能由于刚刚在整风审干运动中进行过审查，已有整风训练班的审查结论可作根据，故在其入党时，比较多地是从他的思想情况和工作表现方面来考虑的。

“此事关系到一个人的政治生命，而我现在因记忆不准确，不能绝对肯定，因此我建议能再找一些当时同在三边工作的人，予以查对核实。

“对郑挺的历史和当时审干情况可能了解的人：

“孙耀华，原是靖边县长，后来又是整训班主任。他现在甘肃省委监委工作。

“苏奋，原是靖边县委宣传部副部长，后为《三边报》社长，同郑挺一起工作近三年。他现在商业部（或合作总社）工作。

“李石英（当时名叫李焕时），原是靖边县政府政务秘书，后在三边地委宣传部工作。他现在历史博物馆工作。

“对郑挺入党情况可能比较了解的人：

“贾怀济，原三边地委宣传部部长。现在国家建委（或计委）工作。

“苏奋，李石英（见前）。

“刘山，原《三边报》记者，现在宁夏国家科委工作。

“崔生祥，原《三边报》誊写，现在宁夏任县长（具体县名不清楚）。

“宋永恒，原《三边报》记者，现在宁夏工作（具体机关单位不详）。

“丁大富，原《三边报》石印工人，现在宁夏（具体单位不详）。”

3 月 22 日，李季写《关于刘澍德的一些情况》：

“1962 年秋天大连会议前后，我记得曾要涂光群向参加大连会议的人们组织稿件。大连会议后不久，刘澍德曾寄来过一篇小说，题目现在记不得了，内容是写吉林农村生活的（我印象里，他好像是吉林人，他当时在吉林）。小说的具体情节记不起来了，只记得是写一个生产队改选队长，一个党员队长落选的故事。当时我觉得不能发表，好像还请侯金镜帮助看过，他也认为不好发表。这篇小说后来退给他了。

“1962、1963 年时，我在编辑部工作中，是把赵树理、周立波、柳青、李准、王汶石、西戎和刘澍德等人，当作组织描写农村生活小说的重点对象的。我曾要编辑部给刘澍德写过好几次约稿信，遇到编辑部的同志们外出组稿顺路时，也嘱咐去看看他，约他写稿（但没有派过人专程找他约稿的事）。后来，他曾给编辑部写过一封信，说他因病不能写东西，这以后也就没有再约他写稿了。

“我同刘澍德是 1960 年认识的。彼此只是一般关系，来往很少，也从来没有通过信。据说他最初的小说《桥》，是康濯在 1955、1956

年在开青年作者会时，极力推荐的，刘是很感激康濯的。刘澍德的《归家》，从写作到出版我一点也不了解，后来听说受到批判，也没有看过这些批判文章，直到现在也没有看过这本书。”

3月27日，李季写《关于铁军的一些情况》。

4月8日，李季写《关于张仲良1958年底谈话等情况的材料》：

“一、1958年十二月，当时的甘肃省委第一书记张仲良，曾同我和闻捷、李秀峰做过一次谈话。我现在记得这次谈话的情况是：这次谈话是张仲良为了表示省委重视文艺工作，主动找我们去的。谈话的具体内容，现在已经回忆不起来了。由于张的文化水平比较低，对一些文艺问题又不是很熟悉的，当时他谈得比较多的，一个是当时全省‘大炼钢铁’和工农业生产的形势，再一个就是问我们工作上有什么困难，有哪些要求希望省委帮助解决的（我记得作协分会机关的汽车，就是这一次由他批准拨给的）。真正关于文艺的问题谈得不是很多的。他谈过后，当时省委的常委何承华、阮迪民要我们根据他的谈话整理一个材料在报纸上发表。记得我同闻捷、李秀峰三人在整理时，因他直接谈文艺问题比较少，没有多少内容，感到有些困难。勉强把这份整理出来后，送给何承华、阮迪民审阅，他们进行了很大的修改，把一些张仲良当时没有谈的话，或者只谈得很简单的地方，做了很多补充和阐发。这个材料第二天就在《甘肃日报》发表了，以后又在《红旗手》五九年一月号发表过。关于写革命回忆录的问题，好像是他问我们的工作中有哪些要求省委帮助解决的问题时，我们根据当时全国各省都在提倡大写革命斗争回忆录，希望他能号召一下，动员省里的老干部也能拿起笔来参加回忆录的写作活动。我们提出后，他说好嘛，在开会时，我说一说。他是否在这次谈话中，提到写解放兰州经过，这一点我记得不很清楚，如果不是这一次，也是在其他场合，我是听到过他谈解放兰州时，怎样攻占黄河铁桥情景的。我没有听他谈过关于陇东过去革命斗争的事。

“二、1958年7月底8月初，兰州分会成立会上，最初是决定高健君讲话的。临到开会的那天早晨，高突然打电话来说，他另外有重要的事不能来讲，已由他同霍维德商量好，由霍代表省委来讲话。霍维德是否就用的高健君原来准备的讲话稿，还是霍临时又起草的，这些情况我不了解。现在回忆得起来的，霍在讲话里除了比较多地讲了当时全国和甘肃‘大跃进’的形势外，还讲了些祝贺分会成立、号召开展群众文艺活动的话。他的这个讲话在《甘肃日报》和《红旗手》上都发表过。发表的稿子好像记得是由闻捷根据记录整理，最后省委审查定稿的。我不记得霍维德在这次讲话里，讲过关于写回忆录的问题没有。

“三、作协兰州分会成立到五九年初前后，吴坚、闻捷我们研究工作时，是把开展群众文艺创作活动、抓工厂史（如玉门矿史）、组织反映引洮工程和组织写革命斗争回忆录等项，作为当时工作任务的。在《红旗手》上还专门开了《甘肃好》的专栏。关于《甘肃好》的专栏和回忆录的组稿工作，因我分工不是专门抓刊物工作，加上从五九年春天起我就时常不在兰州，具体情况知道得很少。

“四、关于于铁军。我是1948年收复延安后在《群众日报》工作时才认识他的。当时我在半休养半工作状态（当副刊编辑），他是校对科长，彼此没有直接工作关系只是一般认识。1958年下半年兰州分会成立，这前后他忙着搞电影制片厂，他约我去看过几次电影，一次还约我到段家滩去看他们制片厂的厂房建筑。我同他没有个人关系，也从来没有谈过心通过信。他搞制片后，听他说过除了纪录片之外还要搞故事片，一个是《黄河飞渡》，一个是《黄河激浪》。说是剧本演员和技术等都不成问题。《黄河飞渡》我不知道是谁写的剧本，《黄河激浪》我听说是刘万仁写的剧本。但我一直没有看过这个剧本，也从来没有参加过讨论修改的任何活动。我到现在也不了解这个剧本的故事情节。1960 年 5 月间，开全国文教群英会，铁军托我向陈曾固代陈士荣请假，要陈写剧本一事，我确实回忆不起来了，因为当时我也是为写东西（《李贡传》）而经常请假不到会的。不过，根据当时的情况，因陈曾固先到北京，铁军托我带话给陈，这完全是可能的事。

“五、1959 年上半年省委（是何承华还是阮迪民，我记不起来了）决定要我写一个关于引洮上山的电影剧本。这以前，铁军就曾约我写，我因为从来写不好剧本，谢绝了他。这一次，由于是省委的指示不写不好，我就采取了一个偷巧的办法，写了一个名叫《水姑娘》的电影小说，发表在《红旗手》上，后来，曾被铁军送到北影的刊物上发表过。由于我根本不懂得电影剧本，它根本是无法拍的，此后也就没有了下文。

“六、《甘肃游记》，印象里好像记得听闻捷、顾雷谈过这个想法，他们搞了没有，我不知道，我不记得我曾写过这篇稿子，也没有看过印出来的这种材料。

“七、分会成立后，听说省委有决定要搞省志，由阮迪民领导，具体工作好像是我和另外一位姓沈的同志负责。我没有参加过他们召开的会议，也没有参加过起草工作。李秀峰去参加过这样的会，好像还要他负责文化和文艺方面的起草工作。在李秀峰起草、修改的打印稿上，我好像曾对肃反‘大跃进’以来的文艺工作的几段，提过修改意见，可能还改了几个地方。

“八、我同吴坚、刘万仁都是在 1943 年到 1946 年在陕北三边工作时认识的，那时他们在三边文工团，彼此只是一般认识，并不是很熟悉的。五七年底五八年初，我调到兰州后，吴坚是省宣传部副部长，五八年下半年又是分会的党组书记，我直接在吴坚领导下工作。我到兰州后，同刘万仁只是见面打了个招呼，彼此没有任何往来关系。知道他在歌舞团搞写作，后来听说他在写《红河激浪》。听说他有些骄傲，从来没有同他单独谈过话。”

6月，造反派押着作协的“牛鬼蛇神”到北京南郊红星公社参加夏收。歇晌的时候，土台上一边站着当地的地主、富农，一边站着作协几位作家、评论家和领导人，他们是冰心、张天翼、臧克家、张光年、李季、郭小川、侯金镜、冯牧、陈白尘、严文井等。

据李季的次子李江树回忆：那天很早他便和李季、郭小川走到和平街北口的一个小吃部，吃了早点。郭小川还对李江树说，听说你现在会做好几样菜了。饭后郭小川、李季便去集合。当晚李季回来后显得既疲乏又痛苦——他革命一生，今天却把他与地主同台批斗。

7月1日，李季写《关于张菊的材料》。

7月17日，李季写《关于董济众的材料》。

8月6日，李季写《关于抗大一分校的若干情况》：

“兹将我现在所能回忆起来的有关1938—1939年抗大一分校的若干情况写出如下。由于事隔多年，加上我在没有毕业前就提前三个多月调出学员队，分配在另外单位工作，所以，许多情况印象很浅，记忆多不准确。现在仅就尚能记得起来的情况，写出来供做参考。

“一、抗大一分校，原为抗大洛川分校，对外名称是八路军随营学校。校址在陕西洛川，此地不属陕甘宁边区，是统战区。学生多是来自全国各地，有的是经八路军西安办事处直接介绍来的，有的是从西安到延安去的，途经洛川时，由学校劝说留下来的（说洛川分校和延安总校课程、教员都是一样的，延安学生太多，容纳不了，你们到延安，也还是会分配回来的）。洛川分校在三八年九月间开学，同年冬（约在十二月间），根据党中央的决定，由洛川行军到鄜县，以洛川分校为基础，加上陕北公学和庆阳、延安来的一部分学生组成抗大第一分校，由何长工、周纯全、韦国清、黄欧东分任正副校长、政治委员，从陕北经晋西、晋中的介休等地过封锁线行军到晋东南根据地。三九年初，到达晋东南，校址设在潞城、长治临界的一些村子里。我们一支队住在故漳村。学校迁到晋东南后继续进行学习，至三九年七一前夕，因敌人发动‘扫荡’，学校连夜转移到太行山中，学生都在这时，分配到各解放区工作。我们这一期是抗大第五期。

“二、抗大一分校（也称晋东南分校）是由八路军总司令部和野战政治部（当时都在晋东南）领导的。校部下分设支队，每个支队分别领导三四个学员队（连），队下设三个区队（排），区队下分三个班。每个学生队的编制和人数，大体相当于一个完整的建制连。队部有正副队长、正副指导员和文书，各区队有区队长一人。政治和军事教员，大多在支队部或两个队设一个教员，分别到各队上课。有时几个队在一起集体上课，只有个别的队配备有专职的教员。

“三、我从洛川分校一直到三九年三四月间调出工作时为止，一直是在一支队二队二班学习的。队的干部经常调动。在洛川时，我记得队长姓赖，副队长姓徐，指导员姓贾（以上几个干部的名字，都不记得了），副指导员苏牧，政治委员冷新华。我那个区队的区队长是李文轩。但在行军到晋东南以后很多都调动了。三九年三四月间，我从二队调出工作时，记得好像是原来的徐副队长是队长，区队长李文轩还在，苏牧也可能在，其他干部都已调动了工作。

“四、我所在的二班的情况：在洛川时，由于二班学习工作都比较落后，三八年冬学校离洛川向敌后行军前，队部为了加强二班的领导，从别的班把张斧调来当班长，要我当副班长。我记得当时班上有这样一些人：

“张斧(班长)、温 ×× (是个华侨，学生)、王孟冬(河南灵宝人，中学生)、董 × (可能是湖北人)、郑希贤 (河南临汝人，高中学生，戴眼镜）。

“可能还有一个曾经当过国民党宪兵的人，但我记不得这个人的姓名了。

“再就是孟齐和我，其他人都记不起来了。

“至于孟齐，经昨天到今天的反复回忆，我还是记不起来他的相貌外形，其他印象更是想不起来。

“由于我提前三个多月调出工作，班上很多人的姓名和外貌都记不清楚了。解放后，除了张斧在武汉见过一面之外，其他人连消息也没有听到过。

“五、学校党的生活情况。我主要是从自己入党情况和在党内过组织生活的情况，来提供这方面的材料，因我那时刚入党，三九年三四月间调出工作时，还只是一个候补党员，知道的情况是很有限的。我印象里在洛川时期因为地处统战区，党的活动是绝对秘密的。到晋东南以后，虽因环境稍好，但也不是完全公开的。当时党员数量好像不是很多的，党的活动、个别传阅文件、个别谈话布置任务、检查汇报工作，都是单线领导口头进行的。我现在很难回忆起来开过小组会和支部大会的事。由于这样，我除了知道和我一起举行入党仪式的张岩毅（他也是学生，是六班还是七班的）是党员之外，队上还有谁是党员我一个也不知道。

“我是一九三八年十一月二十六日在洛川分校入党的。候补期半年，两个介绍人（我的介绍人是副指导员兼支部书记苏牧和区队长李文轩）。入党前，李文轩曾多次同我个别谈话，还给任务（如了解某同学的情况等），然后填表（表是印现成的，项目不是很详尽的，但像籍贯、成分、简历、入党志愿这一些都是有的），最后举行入党宣誓仪式。我的候补期满转正时，因已调到另外单位，同一般学生队可能不完全一样，写出来供参考。转正时，先由小组讨论（我也参加讨论），支委会讨论，最后支委同我谈话，通知我于一九三九年五月二十六日按期转正。

“六、我现在还能回忆起来的同一个队的同学，有这样一些（二班的已在上边写了）：

“张文正（河南豫北人，一个旧军队的老兵）、王文枢（湖北人，好像是个中学音乐教员）、田宏勋（河南人，是个中学的美术教员，他可能是和我一起入党的张岩毅的老师）、白桦（解放后在四野文工团，后来据说访问越南时被淹死了）、何刚（此人据说抗战中牺牲了）、姚发光（后改名刘冰，现在清华大学）、郭 ××（好像记得是个国民党的空军驾驶员）。

“上边几个人，除白桦、刘冰曾在解放后见过一次面之外，其他人连消息也没有听说过。

“不论在二队的干部和学生中，我都没有听说过有苏毅这个名字。以上就是我现在所能回忆起来的有关抗大一分校和我们一支队二队的一些情况。有关姚发光（刘冰）的情况，过去已谈过多次，也写过材料，现遵嘱从略。”

9 月 29 日，李季写《关于畅治华的材料》。

11 月 29 日，李季写《关于姚以壮的材料》：

“我同姚以壮是 1943 年春天在陕甘宁边区靖边县完小当教员时认识的。我在靖边完小只教了四个月书，在 1943 年八九月间，就调到三边地委整风训练班去了。这之后，一直到这次‘文化大革命’运动前，再没有同姚以壮一起工作过。

“我在靖边完小时，知道姚以壮当时不是党员。他老家在山西（具体县名不清楚），他父亲当时就在靖边旧城开商店。我好像记得听姚以壮说过，他曾在榆林读过书。姚以壮当时比较年轻（在完小工作的杨文霞、贾维笃和我及他四个人里，他的年纪是最轻的），又比较聪明。县委领导上是把他当作一个争取、团结的知识分子对象的。

“我于 1943 年秋天调到三边地委整风训练班以后，一直到 1947 年底我调离三边这一段时间里，只同他偶尔碰到一两次。这期间，听说他调到三边公学，但不清楚他是学习或参加整风审干，或是工作。1947 年解放战争时，据我知道他是在三边公学。1947 年底，我调离《三边报》社，组织上决定张源接替我的工作。我走后，听说姚以壮也调到《三边报》社工作了。关于他何时入党，在什么地方参加整风审干，审干过程中都有些什么问题，这些我都不清楚。

“1947 年底我调离三边，一直到 1955 年冬天这近十年的时间里，我同姚以壮没有任何往来联系，只听说他在宁夏工作，具体情况很少了解。1955 年冬，我从北京去三边，打算写作反映三边农村合作化高潮的作品。途经银川时见到姚以壮（他当时是银川地委秘书长）和朱衡彬，他们谈起银川地区合作化搞得也很热烈，劝我就留在银川。后来我就同他们两人合作，写一个反映银川地区合作化运动的电影剧本。在银川写了近两个月，终于也没有搞成，我就回了北京。1956 年，文化部电影局还调他们俩到北京又修改了好几个月，最后还是没有完成。他们在北京写作、修改电影剧本期间，由于我最初曾经参加过这个剧本的写作，他们经常在星期天找我研究剧本写作中的问题。这几个月接触是比较多的，但都是讨论剧本写作、修改的问题。

“1963 年前后，姚以壮在高级党校学习时，曾经到我家里玩过一两次，谈的多是他们学习的情况和一些各自知道的曾在三边工作的熟人的情况。

“有关姚以壮的情况，我就知道这样一些。

“关于史文玉，经这几天反复思考回忆，我实在想不起来有关史文玉这个人的情况。我既不认识这个人，也不曾在哪里听说过这个人的具体情况，以及他同姚以壮的关系。这一点，希望能找当时在靖边工作时间较久、比较熟悉情况的人，作进一步的了解。据我所知道的姚以壮在靖边这一段比较熟悉的人，有这样一些：

“苏奋（当时靖边县委宣传部副部长，运动前在合作总社工作）、杨文霞（当时靖边完小教导主任，现在何处工作苏奋可能知道）、李坤润（他是靖边当地人，前几年是甘肃省委组织部长）、李石英（当时靖边县政府政务秘书，现在历史博物馆工作）、孙润华（当时靖边县长，前几年在甘肃省委工作）、马万里（接替孙润华为靖边县长，现不知在何处）、胡其谦（当时靖边县委组织部副部长，1958 年在重庆钢铁公司工作）。”

11 月 29 日，李季写《关于朱衡彬的材料》：

“我同朱衡彬是 1943 年初在延安鲁艺认识的。那时我曾同他在一个宿舍里住过一个多月。后来我分配到三边当小学教员，他在我之后也分配到盐池县司法处当书记员。1945 年九十月间，我分配到盐池县政府当秘书，他还在司法处当书记员，在一起工作了半年左右的时间。1946 年四五月间，我调离盐池，一直到 1955 年我到银川同姚以壮和他共同写电影剧本这十年间，同他没有任何往来联系。在 1947 年马匪侵犯三边时，听说他被敌人俘虏。至于具体经过，因为只是听别人说的，不够了解。

“1955 年合作化高潮时，我曾在银川同姚以壮和他合作写过一个电影剧本，后来剧本没有写成我就回了北京。1956 年，他同姚以壮又到北京为修改剧本住过几个月。这个期间，他们常于星期天找我征求对剧本写作、修改的意见。后来剧本终于失败了，他们回了银川。

“1963 年冬天，我从北京经过银川到三边去时，朱衡彬曾同我一道去。我同朱衡彬的往来接触情况，就是这样一些。我所了解朱衡彬的情况，就是这样一些。”

1969 年 47 岁：

1 月 8 日，工人宣传队、解放军宣传队进驻中国作家协会。

2 月 1 日，李季写《关于黄铸夫的材料》。

2 月 11 日，李季写《关于程西的材料》：

“我是一九四二年二月到太行鲁艺学习时认识程西的。那时他是学校专职做党的工作的支部书记。我是学校文学研究班的学生。一九四二年回到延安后，我就同他分开了，这以后一直没有同他见过面，也不知道他在什么地方工作。

“根据我同他接触中，和平时对他的观察了解，我觉得这个人工作虽有细心、认真的长处，但原则性不强，有些稀里糊涂，生活作风上，在当时曾经有过公私不分、占小便宜等错误和缺点。

“在一九四二年五月反‘扫荡’中，我同他在分散突围时不在一起。‘扫荡’结束后，他回到学校驻地，后来在七月间我们又一起从太行动身回延安。这一个时期里，我没有听说过他在‘扫荡’中曾经被俘的事。

“他同张可奋的关系，我认为是由于两人都是上海人，生活习惯上、思想上都有着许多资产阶级小资产阶级的东西。至于两人政治上有无其他关系，我在当时是完全不了解的。

“在一九四二年过封锁线时，我记不确切是否和他同是第二批一起走的。

“对程西比较熟悉的张可奋，‘文化大革命’前在北京中国电影发行公司工作。”

2 月 26 日，李季为 1955 年在作协兰州分会的同事陈淼写材料。

3 月 10 日，李季为 1949 年在中原局宣传部的同事于黑丁写材料。

3 月 12 日，李季写《关于叶家林的材料》：

“一、我于一九四三年春天，被分配到靖边完小当教员。八九月间，调三边地委整风训练班参加整风审干。一九四四年春，调三边专员公署三科（教育科）任科员。我同叶家林是在一九四四年认识的，那时他在三边地委宣传部的《三边报》社工作。在这之前，我在靖边当教员时就听人说过他的名字，但不认识他，印象里他那时是在县委或是一个区上工作，是担任区委宣传科长或区文书我说不清楚。也可能他是在县政府工作，比较长时间被派在区上帮助工作（这种情形在当时是很多的，县委、县政府的大多数干部都是这样，机关里只留少数人处理日常工作，多数人到区、乡长期帮助工作）。

“二、一九四三年秋至一九四四年春，我在三边地委整风训练班参加整风审干时，叶家林也在那里。我印象里，在我进整风训练班之前他已在那里，至迟他也是在我进去前后不久进去的。他可能比我早一些调出整训班到《三边报》社工作的。整训班的编组，曾经变动过很多次，但我始终没有同他编在一个组里。由于当时各组相互之间很少交谈，况那时我还不认识他，所以对他在审干中的情况毫无所知。一九四四年春他在《三边报》社工作时，我同他是两个机关，只是一般认识的关系，彼此从来没有谈过各人的历史情况，更没有谈过个人审干中的问题（即使同比较相熟的人，也都很少交谈这些问题）。

“当时在整训班受审查的盐务局的干部，我后来认识的，有这些人：吴坚，‘文化大革命’前在甘肃省委宣传部工作。熊烈，‘文化大革命’前在高级党校工作。张子林，一九五八年时在新疆克拉玛依油矿工作。

“三、根据我在三边时对他的印象，我总觉得这个人虽然有积极、热情的长处，也挺聪明，但虚荣心很强，爱表现自己，思想作风很浮。一九六四年（或六五年），他曾同李石英一起到我家玩过一次，我觉得他改变不大，还是那个老样子。除这一次外，再没有跟他接触过。”

4月12日，中国作协和中国文联共同组成的先遣组二十九人，开赴湖北省咸宁县的向阳湖“五七干校”，下放人员包括臧克家、张天翼、谢冰心、陈白尘、张光年、严文井、冯牧、郭小川、李季、侯金镜、葛洛、黄秋耘等。

4月18日，李季写《关于何家槐的材料》。

5月3日，李季写《关于郑希贤的材料》：

“郑希贤是我一九三八年九月在陕西洛川抗大分校（对外是八路军总部随营学校）的同学。根据所提出的问题，我可以证明：

“一、郑希贤在一九三八年九至十二月期间，确在抗大洛川分校和我同队同班一起学习过。

“二、当时我们队上的干部，赖光勋是队长，贾国璋是指导员，苏牧是副指导员兼支部书记。李文轩是我们排（也称区队）的排长。李文轩一直到一九三九年学校迁至晋东南时，还是我们的区队长。

“三、在洛川抗大分校时，由于该地是统战区，学校党组织是完全秘密的，支部都是单线领导，党员之间彼此无横向关系，谁也不知道谁是党员。就我来说，除了我的两个入党介绍人（苏牧、李文轩）和曾同我一起举行入党宣誓仪式的另一个同志外，队上同学中谁是党员，我一个也不知道。”

5月5日，李季写《关于华开基的材料》。

5月23日，李季写《关于卢盛法的材料》。

5月27日，李季写《关于谷曼的材料》：

“我同谷曼是一九四二年二月在晋东南鲁迅艺术学校认识的。当时我们都是文学研究班（文学系）的学生。还没有开始学习就遇到敌人二月‘扫荡’，刚结束，又是五月‘扫荡’。五月‘扫荡’中，文学系两个教员、十个学生牺牲，失踪（下落不明）的共有一个教员、五个学生。谷曼是突围出来的，因我不是同他一起突围，详细情况不了解。但从我当时印象的回忆，我不曾听说过他有被俘的情况。

“一九四二年九月间，学校奉命迁回延安，在晋东过封锁线时，我同谷曼等人同是第二批，曾遇到敌人小规模的‘扫荡’，谷曼我俩在一起在山上躲了几天。十一月间我们到了晋绥解放区。组织决定他和另外一批教师学生留在晋绥，我在晋绥只停了几天就回到了延安。自此我同谷曼分开了。

“解放后，一九五一年前后，我曾因到韶山、浏阳路过长沙，又见到了谷曼，他当时好像在文联工作。当时谈了些晋绥分别后各人经历的情况，和各人所知道的过去的一些熟人的情况。

“一九五一、五二年间，我在《长江文艺》工作时，谷曼曾投寄过诗稿，内容好像是关于抗美援朝的，因内容比较一般，没有发表。（《长江文艺》上也可能发表过他的诗，我记不清楚了。）这些诗，就我记得的，都不是毒草。

“以下几个人都是晋东南鲁艺美术系的学生，后来又在晋绥同谷曼一起工作过：苏云（吉林长春电影制片厂）、苏晖（文化部雕塑工厂）、侯恺（北京人民美术出版社）。”

5 月 27 日，李季在作协机关做第一次检查。

5 月 29 日，李季在作协机关做补充检查。

6 月 12 日，李季被宣布“解放”。

9 月，中秋节，随全国文联和作协的全体干部，被“一窝端”地送去湖北咸宁“五七干校”。李季恢复党组织关系，出任干校五连管后勤工作的副连长。他几乎拿出了全部精力，千方百计搞好这一二百人（连家属带小孩）的伙食。在艰苦的条件下，蔬菜种起来了，猪养起来了，鸡鸭也喂养起来了，还大面积种了油菜、芝麻。不过一两年，连队的生活面貌完全改观了。据林绍刚回忆：“1969 年 9 月作协全体一百八十余人下放湖北省咸宁文化部‘五七干校’，不久，李季担任了连长（中国作家协会编为第五连），展示了一定的才干，在那个复杂的环境里，需他调配的工作很多，有人下田，有人驾车拉煤拉菜，有人出门外调，一切事务他都了然于心，劳力搭配十分得当。其中最值得一提的是，他对年高体弱的作家，如张天翼、臧克家、陈白尘、张光年等人诸多照顾，只让他们干看门、值夜班，或在食堂择菜之类的轻劳动。那时，在干校的中心任务依然是‘抓革命、促生产’，‘斗批改’是少不了的。李季能做到的只是在主持会议中，有关动作与言辞方面给以降温，做到这一点真是不容易了，受益者有如释重负之感了。”

9 月 26 日，张僖日记：

“我们是 1969 年 9 月 26 日到咸宁干校的。当时李季同志是副连长。连长是军代表。我和李季同志认识很早。1953 年，我来北京参加筹备中国作协工作的时候，李季是驻会作家。

“这次到干校，他的家属也来了。因为李季的爱人李小为那时候已经在人民文学出版社工作，因而此时也面临着到咸宁干校的问题。

“李季个子不高，和我差不多，大约也是一米六二的样子。但他表面显得有些粗，像个农民。他留给我的一个很深的印象，一个肩膀总是斜的。李季的性格很爽朗，也很厚道。他有个绰号叫李鬼，严文井经常叫，不知道缘由的人以为李季一定是个非常精明的人。其实，那是在一次与日本作家井上靖见面的时候，井上靖看了李季名片上的名字，错把他叫成李鬼了。”

10 月，中国作协重新成立革委会，主任张僖，副主任李季。

1970 年 48 岁：

9 月，孙一珍回忆文章：

“我刚调到七班不久，有一天收工回来去食堂吃饭，连指导员李季同志悄悄把我叫到炊事班那排住房的东山墙下，郑重且又亲切地对我说：‘孙一珍同志，我和你谈一件事。’我当时心里有些紧张，以为自己犯了什么错误，指导员才特别找上门来。他接着说：‘这事就你知我知，不要到外边传。’我一听心情放松了一点说：‘李季同志，你有什么事只管说吧！我从小受党的教育，最懂得保密，你不让我外传，我敢保证连毛承志都不讲。’

“这时，李季拍拍我的肩膀，充满信任地对我说：‘你们班的侯金镜，是位老同志。早年参加革命，对党一贯忠心耿耿，任劳任怨；历次运动中表现都很好，政治上成熟，是我党的好干部。但现在他的问题尚未查清，暂时不能‘解放’，先放在你们七班，接受群众监督劳动。他患有严重的高血压心脏病。咸宁的天气这么闷热，对他来说，不干活都受不了，更何况干重活呢？七班经常承担重活，给他分配活时你得留神，别出大事！’

“当时我的心为之一颤，似乎一下子明白了许多。顿时意识到老干部将要像李季一样一个个‘解放’出来，陆续走上工作岗位。我点点头，对李季说：‘我明白了，感谢指导员的指点。’他笑眯眯地对我说：‘让这些人健康地活下来，将来还会为党做更多的工作。他们是党的宝贵财富啊！’当时我很感动，眼里酸酸的，便紧紧握住李季的手，轻轻地说：‘我明白了，我明白了。李季同志你什么都不必说了。’

“李季想了想又补充说：‘也别太明显了！’我说：‘李季同志，你看这样好不好，我绝不让侯金镜单独干活。比如拉车，配上李基凯、阎纲两个强劳力驾辕，让侯金镜拉套，这样他拉着绳子跟着走就行了。到时候我再提醒他一下。如果修渠，不必机械规定按人分段，有的人改成两人合力分段，强弱搭配，给侯金镜配上阎纲或李基凯；我不分配他挑担子，因为挑担子就一个人，没有一点偷闲的余地。你看，这样安排行吗？’李季点点头，‘你具体掌握吧！’又一次拍了拍我的肩膀。”

10月29日，陈白尘日记：“星期四　派我与臧克家共同看守田中尚未运回的稻子。值夜班虽苦，但终能与克家畅谈终宵，亦一乐也。据臧说，李季某次在老工棚中曾递我一支香烟，结果回去以后被 ××× 大肆批判，说他没有立场云。如此小人！”

11月中旬，正在湖北咸宁“五七干校”农场劳动的李季，从广播里听到好友铁人王进喜逝世的消息，竟然昏倒在田埂上。

1971年49岁：

2月春节，李季与夫人李小为一起去湖南韶山毛泽东家乡参观学习。

继续在湖北咸宁“五七干校”参加劳动。

1972年50岁：

1月至5月，李季继续在湖北咸宁“五七干校”参加劳动。

2月7日，陈白尘日记：“冒雪去新工棚挑饲料，步步艰难也。去时歇十次，返时竟达十余次。午间，李季、王光二同志抱棉被二床来‘太和殿’慰问，并说等天晴路好走时再搬迁新居不迟，极感温暖。留在旧工棚中的仅剩我们鸭班的三个人了，其他人早已都‘乔迁大吉’了。”

2月12日，陈白尘日记：“星期六，晨，李季来工棚，并无他事，似专为我而来的，因问可否请假返宁一行。他说可以写一报告送大队转干校以至专案组请批。这说明是可行了。于是急写一报告交李，另写一信给玲，告以详情。数日之紧张情绪，乃稍松弛。李季是个念旧情的人。”

2月23日，李季给郭小川写信说："在你的探亲假期满之后，请你主持一项工作——专案复查。任务是复查自'文化大革命'以来所有曾被审查的同志的结论，性质重否？文字妥当否？此事很有意义，在同志们大量安排工作之前，认真复查一遍，对党、对这些同志都是我们应尽的责任。"

3月，春，在李季主持下，由郭小川、林绍刚和高铮组成审干小组，审查了几个干部的某些历史问题。

3月3日，李季与谢冰心等人与日本外宾召开座谈会，之后的几日，又陪同他们到八达岭、十三陵等地参观游览。参加郭沫若在人民大会堂主持的招待日本朋友的宴会。

3月6日，李季在民族饭店接待日本文化界代表团。

5月，周恩来总理亲自指示，将李季调回北京，主持在人民文学出版社筹备文学刊物复刊工作。

5月31日，晚间，外交部在前门烤鸭店宴请罗马尼亚的两位作家，李季等应邀参加了宴会。

6月，李季从湖北"五七干校"调回北京的人民文学出版社，筹备《人民文学》的复刊工作。

8月，李季着手准备《人民文学》杂志的复刊工作，但"四人帮"拖延不批，一年后，班子解散。

9月28日，晚间，在北京饭店，庆祝中日建交一周年宴会。李季、周海婴、曹靖华、古元等坐一张桌子。

10月左右，李季接到河北省诗歌作者旭宇和火华寄来的诗集《军垦新曲》，因此邀他们来京一谈，当他们看见是李季接待他们，非常兴奋。李季充分肯定了《军垦新曲》说："写得很好，有思想、有生活、有激情、有诗味。但是，出版时中间要掺杂几首别的地区如新疆、黑龙江、兰州等生产建设部队军垦战友的诗。当然还是以你们两人的诗为主。"不久，诗集出版了。

11月2日，晚上，李季与杨沫等到首都机场迎接日本山口县文学代表团。

11月8日，李季在北京饭店与日本朋友座谈一天，主要讨论文学创作经验问题。

11月12日，李季陪同日本外宾参观颐和园。

11月13日，李季到首都机场送别日本客人。

11月15日，李季到中国青年出版社看望内蒙古作家玛拉沁夫，遇到作家管桦和袁鹰，几个人一起到东来顺吃饭、喝酒、聊天，度过一个愉快的午间。

1973年51岁：

4月2日，《李季的〈海誓〉诗》载于香港《大公报》，作者龙韵。

4月10日，《青春的革命——关于叙事诗〈王贵与李香香〉》载于《中日文化交流》第192期，作者（日本）土岐善麿。

4月16日，李季作为中日友好协会访日代表团成员，访问日本。这是中日邦交正常化之后第一个到达日本的大型友好代表团，日本各地邀请的函电极多，代表团只得分成四路，共访问了日本三十八个都、道、府、县，李季参加了从大阪到山口这一线路，同时还有楚图南、荣毅仁、谢冰心、张瑞芳、古元、周一良等。参加了福冈县博多市的传统节日，在长崎观看了舞龙，在冲绳那坝市观赏了古装歌舞。出席了新剧人恳谈、京都大学座谈，见到了学者仓石武四郎。这一次在日本访问了三十三天。

5月，《诗人·李季先生》载于《中日文化交流》第193期，作者（日本）白石凡。

5月12日，李季继续在日本访问，在大阪出席新剧人恳谈会，并在会上发言，在他发言时，冰心还插了一段话。

6月初，李季去长庆油田途经郑州作短暂停留看望亲属。

6月中旬，李季到长庆油田深入生活。应油田工人要求，他为工人们作了中日友好文化交流的报告。来到油田后，李季每天不辞辛劳地奔跑着，越河沟，攀高山，深入到钻井队、试油队、采油队、地震队……广泛接触了解我们的石油工人。

李季在油田半个月，行程两千多公里，跑遍了油田的各个地区，访问了几十个基层单位，收集了大量丰富的生活素材。他对石油的感情和对石油工人深沉的爱，给广大石油职工留下了不可磨灭的印象。

6月30日，临别，给陪同的杨合厚同志赠言："感君殷勤至，相伴游战区。天车入九重，井队远千里。何时擒油龙，毋忘传讯息。彼时当相见，共谱石油诗。"

夏，李季再次回到了三边，又一次看望了王有和日夜思念的三边人民。

冬，李季尚在被审查中，闻听石鲁的情况很不好，他忧心如焚，让儿子李江树赶赴西安找张光叔叔，看能不能想办法去看一看石鲁。李季的侄儿（他大哥的孩子）李瑞棠是西安军事电讯工程学院的教员，一直住在西安。李季嘱他常去看看张光。这次李江树到西安后，就是李瑞棠带着他找到张光，张光冒着很大风险，想方设法带着李江树和李瑞棠去看望了石鲁。回京后，李江树对父亲说："石鲁伯伯被关在美协一个阴冷潮湿的地下室，身体瘦弱，脸色惨白，总是咳。屋里只有一个又高又小的窗户，只是在下午有一束阳光斜射进来。"李季听后表情很是痛苦，垂着头许久都没说话。

1974年52岁：

1974年，在李季的儿子李江树下乡插队期间，张光给他写了长信，信中说：“四十年代你父亲正是从陕北农村中学得了真知，获取了力量。你要向他学习，在劳动中向农民学习，同时不忘记读书，在不断思索中寻求自己的理想。”李江树返城后，张光知道他喜欢上了摄影，就带着他到几位在京的老摄影家家中学习，其中有曾在《西北画报》任摄影组组长，后调到《人民画报》的茹遂初老师。这以后，李江树也走上了新闻工作岗位，成为一位摄影家，他每次出版新书后都会寄给张光，张光对他的进步由衷地高兴。

“四人帮”横行时，张光去北京看李季，问他为什么不买一台电视机，李季说：“有什么看的，看了恶心！”打倒“四人帮”后，张光又去北京李季家，看到他家新买了电视机，李季正和孩子摆弄着天线，以求得荧光屏上有最清晰的画面。李季对张光说：“每天起码得看新闻，了解了解国内外大事。”他还说：“现在要抓紧时间，我还想写点延安时代的回忆录。”

秋天，《三边报》的战友刘山来李季家看望李季。

10 月 23 日，李季听取黑龙江里柏、康锋戟、张梅陆和张爱忠对长诗《历史的主人》（写铁人王进喜）的创作意见的汇报，并作了长篇发言。后经四位同志整理，发表在 1980 年作家协会黑龙江分会《创作通讯》第 2 期。

1975 年 53 岁：

1 月 21 日，在“反击右倾翻案风”中，李季受到了围攻。周明回忆道：人民文学出版社各楼层都贴满了批判李季的大字报。题目大都是“孔老二的孝子贤孙”“右倾翻案风的代表”“黑线回潮的代理人”。有一个“四人帮”的追随者指名批判李季在筹备《人民文学》期间，竟组织黑线作家谢冰心写文章，而且还是让她写邢燕子。

谢永旺在给丁宁的信中说:“李季又成了这次‘反回潮’的重点。”江青点名说李季是“坏人”,想方设法整得他在文艺界待不下去。当时任国务院副总理的康世恩同志说:“李季是我们石油的人。他们不要我们要,让他回来吧。”就这样,石油系统为保护自己的石油诗人,1975年春调李季到石油勘探开发规划研究院任副院长。经康世恩同志安排,不需要坐班,可以此名义到各油田考察采访。

3月17日,李季去看望在山东滨县的丁宁:“第一句话就是:为我拍手吧,我又归队了。”李季回到了石油战线,到胜利油田深入生活。

4月,李季同玉门油田的老领导杨文彬一起去大庆油田深入生活。他们一头扎到喇嘛甸会战前线。

7月,李季与文艺界的几位老同志共同上书中央,控诉“四人帮”在文艺界大搞法西斯专政。

7月,中央批准《诗刊》杂志复刊,周总理点将要李季主持这项工作,李季担任《诗刊》主编。

9月,李季再去大庆油田深入生活,并为《诗刊》复刊组稿。

10月9日,李季给党中央起草《关于〈诗刊〉编辑出版工作的请示报告》,当时分管宣传的姚文元批示:“拟同意,请送小平、春桥、江青、先念、登奎、国锋同志阅批,姚文元10月9日。”

10月15日,《诗刊》复刊。

10月16日,李季在国家出版局小院内的十平方米的平房里,召开了复刊的第一次会议。据时任《诗刊》复刊的美术编辑叶然回忆:“第一次召开的会议,有十二人参加。李季在会上说:‘我们从组建到现在可以说有个小班子,虽初见规模,但我们具备了工作条件’,‘我很喜欢我们这支小队伍能够担负起党所交予的任务,我相信,我们这支小队伍是精锐的,是一支特别能战斗的队伍’。在这次会上,李季要求编辑不能在自己的刊物上发表作品,不搞近水楼台先得月。至于出刊日期，编辑部根据工作进程，确定在1976年1月10日出版。”

10月17日，“贯彻毛主席的重要批示，积极落实《诗刊》的编辑出版工作”的方案送到了姚文元的案头。方案中说：“遵照毛主席关于《诗刊》重新出版的重要批示及姚文元同志给主席的信的精神，国家出版局和文化部共同进行了研究，并征求有关单位和一些同志的意见，提出了《诗刊》编辑出版工作方案。这个方案已经中央领导同志批准，主要内容如下：一、指导思想和编辑方针：《诗刊》要以马克思主义、列宁主义、毛泽东思想为指导。认真贯彻毛主席的无产阶级革命文艺路线，坚持革命现实主义和革命浪漫主义相结合的创作原则，通过各种体裁、样式的诗歌作品，歌颂伟大领袖毛主席和中国共产党，歌颂毛主席的无产阶级革命路线，反映我国社会主义革命的伟大胜利和社会主义建设欣欣向荣的面貌，反映世界人民的革命斗争精神，批判修正主义，批判资产阶级，充分发挥革命诗歌‘团结人民、教育人民、打击敌人、消灭敌人’的战斗作用，更好地为工农兵服务，为巩固无产阶级专政服务。坚持‘百花齐放，百家争鸣’‘推陈出新’的方针。遵照毛主席关于‘诗当然应该以新诗为主体，旧诗可以写一些，但是不宜在青年中提倡’的指示，以及新诗应在批判地继承古典诗歌和民歌的基础上发展的指示精神，进一步发展诗歌创作，使之更好地为广大工农兵所利用，向着‘革命的政治内容和尽可能完美的艺术形式的统一’的目标前进。新出的《诗刊》，要兼登一部分歌曲、歌词（包括某些戏曲曲调的歌词）、新民歌，以促进新诗的民族形式的发展，提倡顺口、易记、有韵、能唱的新诗，也不排斥只能看而不易记和不能唱的诗。还刊登一些翻译外国作品。同时也有一些诗配画和插图。刊物要办得新鲜活泼，丰富多彩，富有战斗力。实行开门办刊物，团结老中青诗歌作者，热情扶植工农兵群众业余创作。提倡群众性的诗评，开展对诗歌创作问题的评论。刊物每年总结一次工作，不断改进。二、出刊计划：新出的《诗刊》封面刊名，仍用毛主席书写体，开本照原《诗刊》大三十二开本不变。原为月刊，现暂出双月刊，出刊后积极创造条件，向月刊过渡。由人民文学出版社出版，国内外公开发行。每期同时印少数大字本送主席和中央同志。每期篇幅一百页左右，印数暂定六十万册。明年第一季度（争取早一些）。三、编辑机构：建立《诗刊》编委会和编辑部，由国家出版局统一领导。编委会和编辑部实行老、中、青三结合，吸收几位音乐工作者参加。编辑部暂定十五人。主编拟由李季担任，副主编由葛洛担任（曾任原《诗刊》副主编），顾问臧克家。编辑人员拟从有关单位和各地选调。编委名单：袁水拍、臧克家、李季、赵朴初、冯至、阮章竞、贺敬之、张永枚、李学鳌、葛洛、洪源（北京军区，歌词作者）、王莘（天津，歌曲歌词作者）。再留三四名，以后从工农兵青年作者中挑选增补，他们可以不长期留在编辑部，轮流下去，努力能经常地保持同工农兵的密切联系。《诗刊》编辑部十五日起开始办公，一面搭班子，一面组稿，争取明年一月正式出刊。”

深秋，上海青年作者徐刚携长诗《鲁迅》手稿来京，两天之后，他正在招待所改稿，有敲门声，走进来的是袁鹰和另外一个人，袁鹰说，徐刚，李季来看你，这让徐刚大喜过望：“啊，《王贵与李香香》。”因为听袁鹰说，徐刚用一只塑料杯，李季便给徐刚带来一对有喜鹊登枝的瓷杯。李季说：“用塑料杯喝茶不健康。”又说：“看到写诗爱诗读诗的年轻人就特别喜欢，这么多年闹腾，诗坛还得后继有人啊。”李季又说道：“正筹备《诗刊》的复刊，极需人才，却不忍把你留下，在崇明岛荒野芦苇中你才会有诗，更多更好的诗。”袁鹰说：“现在是文学界青黄不接的时候，先把长诗写完再说。”李季说：“《诗刊》复刊第一期要选用你的《鲁迅》，说好了呵。”

11月，臧克家、李季、葛洛到北京医院去看望郭沫若，一者为探病，二者请教郭老关于毛主席诗词的问题，三者为请郭老指导今后《诗刊》应该怎么办，同时希望他给点作品。多年不见，郭老老了，说话声音低微，还有点儿颤抖，气力衰竭，走起路来也显然步履蹒跚，腰挺不直。

他们把带来的一本传抄的诗词请郭老鉴定哪些确系毛主席的作品。郭老说：“‘重上井冈山’不用说了，‘鸟儿问答’确乎是毛主席的作品，我知道。”

臧克家的回忆有一点小的失误：他们送给郭沫若看的两首毛泽东诗词，原名字是《水调歌头·重归井冈山》和《念奴娇·雀儿问答》。

11月15日，《诗刊》编辑部给毛泽东送上一封信并这两首词。信中说：“《诗刊》复刊后的第一期定于明年1月10日出版。1957年《诗刊》创刊时，主席发表了十八首诗词，在《诗刊》重新出版的时候，我们十分希望再发表主席近年来的诗词新作。现送上我们收抄的《水调歌头·重归井冈山》和《念奴娇·雀儿问答》两篇诗稿，请主席订正后，连同主席新写的其他诗词一起，给重新出版的《诗刊》第一期发表。”

12月初，毛泽东对《水调歌头·重归井冈山》和《念奴娇·雀儿问答》两首词做了修改，其中将《水调歌头·重归井冈山》改为《水调歌头·重上井冈山》，将《念奴娇·雀儿问答》改为《念奴娇·鸟儿问答》，结尾一句“请君充我枵腹”改为“试看天地翻覆”。并批示：“送《诗刊》编辑部。”

12月4日，李季主持《诗刊》座谈会，参加人员有赵朴初、臧克家、林庚、包玉堂、徐刚等十位同志。

12月27日，李季得知辽宁抚顺青年诗人李松涛在北京，立刻约见，详细询问李松涛的生活和创作情况，李季说：“艺术离开了创新，离开了自己的东西，就存在不住。”副主编葛洛、编辑部主任孟伟哉参加了谈话。

1976 年 54 岁：

元旦，《诗刊》复刊号出版。发表了毛泽东写于 1965 年的两首词：《水调歌头・重上井冈山》和《念奴娇・鸟儿问答》。

复刊号还以《石油工人进行曲》为题发表了大庆八位作者的八首诗。因在版权页上注明总八十一期的顺序，曾遭到“四人帮”的指责和批判。

春，李季因心脏病在阜外医院住院期间，给中宣部原副部长熊复写了一封长信，商讨向中央上书的事。信写好后，叫次子李江树送交熊复，并叮嘱此事干系重大，要手递手交给熊伯伯，最好不要叫别人看见。当时李江树并不知道具体的内情，只意识到此事非同小可。

次日，李江树为了怕别人看见，早 6 点就到了沙滩北侧的中宣部四合院宿舍。熊复住后院，李江树经过前院时，人民文学出版社的孟伟哉正在东屋门口刷牙。此前他常来李季家，认识李江树，他看了一眼并没有打招呼。李江树快速穿过前院到了熊家，简单说明情况并转交了信。此后孟伟哉没有说出此事。

3 月 2 日，江青召集十二省区会议，作了长篇讲话，不遮不掩，矛头直攻邓小平和胡乔木，李季也被点名，江青说，有个叫李季的人，怕了，躲到医院去了。那几个人授意叫李季给中央写攻击当前文艺政策的信，这是有文件的，印了没有。

贺敬之当时被打倒，下放到首钢当工人。逢周末，李季让《诗刊》的司机把贺敬之接回城。

4 月 18 日，李季在大庆参加文艺工作座谈会。

6 月 6 日，李季致信时任燃化部分管科教的领导沈晨：“手示敬悉，赠书也早收到，从心里感谢你！如可能，希望把这套石油工业干部科技学习丛书，继续惠赠，这里特预致谢忱。上月我又住了一次医院，不过，近来好多了，敬请释念。致，敬礼！ 李季 6.6。”

7月，“7·28”唐山大地震后，余震不断，因贺敬之家住在煤渣胡同一幢楼的五层，故李季把贺敬之全家接到家里来住了三个月。李季夫妇把仅有的一张双人床让给贺敬之夫妇。白天李季和贺敬之下象棋，一盘棋一下就是几个小时，醉翁之意不在酒，世事如棋。两位诗人都盼望着早一天看到正邪鏖战的结局。

10月，粉碎“四人帮”后，“四人帮”在上海的同伙徐景贤和小兄弟们在往来信件中说，《人民文学》这样的阵地怎么能交给李季这样的人去办？

10月11日，臧克家致信：“李季同志：许久不见，时在念中。你的情况，葛洛、小鲍同志时常对我谈及。我同光年、章竞、冯牧等诸老战友，时常晤会，章竞心脏病较重。田间因脑供血不足，到石家庄住院了，葛文同志也去了。我一切都好，心胸开阔，一切乐观，故而振奋，身体不错。握手！ 克家上 76.10.11日”。

11月8日，上午，郭小川的骨灰由他亲属护送回到北京，下午5点，火车到北京站，到场迎接的有张光年、贺敬之夫妇、冯牧、李季、葛洛、赵易亚、崔嵬、张铁夫、曲波等著名人士。

20世纪60年代有“和平里四诗人”一说——贺敬之、郭小川、李季、闻捷都住在北京的和平里。

李季与郭小川在20世纪50年代在武汉中南文联时就在一起。他们俩性格不同但感情很深，李季做事沉稳，郭小川性格豪爽充满激情。来了好朋友又是下馆子又是送礼物，到了月底常常囊中羞涩。此时就到李季家借钱。1964年8月，郭小川的儿子郭小林初中毕业后，报名到黑龙江宝清县852林场当农工。行前，李季携全家请小林在北京东安市场和平餐厅吃西餐，为他饯行。

11月，怀着粉碎“四人帮”后的兴奋心情，李季开始创作长篇叙事诗《石油大哥》。当时心脏病较重，为了激励自己早日完成这部长诗，他用颤抖的手提笔写了一首自勉诗：“口含‘消心痛’（心脏病患者的一种急救药），挥笔画油龙；但求心竭日，油龙腾太空。”

12月14日，李季参加了在八宝山举行的郭小川追悼会。李季悲痛欲绝，犯了心脏病。这以后，李季就没有参加过任何人的追悼会了。

12月20日，黎辛致信李季、李小为。

12月22日，李季致信石油部屈清华：“屈清华同志，送上我的长篇说唱诗《石油大哥》初稿的一部分（约全诗的三分之二），请你审阅。多年来，我一直把你当作我的师傅，虽然咱们在一起的机会不是很多，但我从心里尊敬你，我从心里敬佩你和1202队的工人同志们，敬佩你们为祖国石油工业、为社会主义事业所做的巨大贡献。从某种意义上说，我勉强也算是一个石油职工，我希望你能以石油工人的直筒筒脾气，开门见山，直截了当地对这个作品提出宝贵的修改意见……”

1977年55岁：

1月，李季筹办怀念周恩来总理的诗歌朗诵会演唱会。这期间，因为过于激动和疲劳，李季心脏病多次复发，并短暂住院。出院后未及休息就又为朗诵会演唱会忙碌了起来。当月他还满怀激情地创作了抒情诗《大庆儿女想总理》，此诗发表在1月8日《人民日报》。

1月7日，李季致信石油部刘佩荣、焦万海、李晔诸同志征求对《石油大哥》的意见。

1月26日，李季将《石油大哥》定稿交《解放军文艺》编辑部。

2月至3月，李季来到任丘油田养病。在近三个月里，他全然不像个养病的样子，经常带着急救药品和氧气袋，深入钻井前线访问，有时一去就是两三天。平时，他白天殷勤地接待来访的同志，晚上夜深人静时，还强支着身子搞创作，一写就是大半夜。

2月8日，李季致信杨恒锐同志："……我的健康状况，比前差多了，今后恐怕只能做些零星打杂闲散工作。但只要一息尚存，总是要斗争的，笔也不会放下来的。"

2月9日，孟伟哉致信李季，对《石油大哥》提出了一些修改意见。

2月16日，李季的《石油大哥》在《解放军文艺》第2、3期合刊和第4期上发表。

2月17日，李若冰致信李季："……我是怀着特殊的感情谈您的诗的，您和石油工人的感情和我是相通的，谈着分外亲切、感人！可对于我欠石油的债是太重、太重了，这笔债是迟早要还的！而我更希望看到您更多的诗、更好的诗、更美的诗！这不仅是我的希望，也是我所接触到的老、中、青读者的殷切希望……"

2月21日，孙峻青、于康致信李季、李小为："……'四人帮'什么罪名都可以给你捏造得出来，什么帽子都能给你扣上，但不也还是因为他们如此倒行逆施，横行霸道，才落得现在这样举世唾骂，普天同恨……"

3月，在全国政协分组会上，李季介绍了《长江文艺》被"四人帮"扼杀的情况，然后激动得站了起来，大声呼喊，要求尽快让《长江文艺》复刊；由于过度激愤，心脏病猝发，使他顷刻蹲了下来，被送进医院紧急抢救。

3月，《一朵劳动人民的艺术之花——重读李季的〈王贵与李香香〉》载于《徐州师院学报》，作者高树森。

4月，李季的长篇说唱诗《石油大哥》由人民文学出版社出版单行本。

4月10日，李希凡致信李季：“……我是诗外行，且经常发一些大诗人不爱听的谬论，不过，既承盛意，也只好说几句。语言流畅诗意浓，这一向是《王贵与李香香》作者的创作特征，我无话可说，题材又正是今天的现实非常需要的，也无话可说……”

4月11日，杜宣致信李季。

4月25日，石鲁因严重的肺结核前往北京通县结核病院住院，李季连着几次前去看望。

5月，《“不是闹革命穷人翻不了身”——重读〈王贵与李香香〉》载于《安徽师大学报》第5期，作者陈文忠。

5月11日，臧克家致信李季：“你送我的《大哥》，昨下午刚到手，灯下先略翻读。你写石油，最有资格了。你在任丘这段时间，健康情况有显著进步否？颇念……”

5月11日，张志民致信李季：“你好，很久没见你了，身体是否好些。收到你送我的诗集，谢谢你，你在病中还写了这许多诗，尤为可贵……”

5月31日，臧克家致信李季。

6月5日，于黑丁致信李季、李小为：“一年多没有见面了，很是想念你们。意想不到的一场灾难性的遭遇，使我连给你们写信的机会和权利也失掉了。我这痛苦的心情你们一定会理解的。虽然我们没有通信，但我却经常听到你对我的问题的关心的消息，有人说你竟对省委调查组发起脾气来。你这种义愤，使文艺界的同志很受感动。在河南很难看到像你这样的坚持真理、表示正义的人，大都是同情，但不敢讲话。对这些好心的同志，我永远也不会忘记……”

7月，《梅花欢喜漫天雪——读〈忆铁人〉〈石油大哥〉散记》载于《人民文学》第7期，作者邹荻帆。

7月，《喜读长篇说唱诗〈石油大哥〉》载于《解放军文艺》第7期，作者张传斌等。

7 月 13 日，金近致信李季："……关于揭批'四人帮'在儿童文学方面搞的阴谋，你的意见很好，这一期里我们组织了一篇。我有个希望，在你的健康情况许可下，给《儿童文学》写一首有关油田的故事诗，写一组短诗也行，反正不着急催你，请你找个合适的时间多支持我们……"

7 月 17 日，杜宣致信李季："……上海决定出个文学刊物，刊名未定，很多人支持仍用《收获》，最后请市委去考虑。编辑班子也未定，但已决定十月创刊，他们要我写信给你，约你写首诗，体裁不拘，长短不论。你有现成的更好，否则请抽空写点。最好能于八月中旬寄我。拙作《上海战歌》话剧本，已交上海话剧团排演，八一建军五十周年纪念演出……"

7 月 21 日，王汶石致信李季："好久没有通消息问好，总在想念你，几年来，每遇到首都来人，只要略知文艺界事，便向其打听你，故你的情况，大体知道一些；但还不知道江青在十二省书记会议上点你的名，直到中央发下材料，看到点你名那一段，还不免为你吃了一惊，好在华主席已经收拾了他们，否则，真难设想她会怎样！惠寄大作《石油大哥》一书，接到后即一口气读完了。对于您的饱满的政治热情，民族的大众的风格，配合当前斗争的及时，特别是塑造了石占海这样一位铁人式的英雄形象，都使我深为所动。特别是你还在病中。说到病，大家都对此很关心，而且据说你的冠心病还不轻，还在医院住着。希望你认真医治，早日痊愈。老李！闻捷不在了，小川也下世了，真可惜！你可要爱护身体战斗下去啊！如果碰到杜惠同志请代为问好。小为怎样？身体好吗？我们这儿的几块料，情况你可能也知道。老杜是老冠心病，打倒'四人帮'后，情况好些，近来在写短篇并在改长篇，我也学你们的榜样，跟着你们拿起笔来试着再干。胡采的问题一直拖着至今尚未解决，人都六十五岁了，老婆还在外县，我们最近正设法先把他老婆和钢焰的老婆给调回西安来，让这些老牛郎织女们永远欢聚一堂。目前气候适宜，省文办首脑答应尽力给办。当然路障还是有的。至于老魏、若冰的情况，你是了解的，不必我啰嗦了。据说过去几年你曾路过西安，未便下车，今瘟神已送，天朗气清，如有机会，再来玩玩。代问葛洛同志好！握手！ 王汶石 七七年七月二十一日”。

9 月 25 日，杜宣致信李季：“信收到多日，因事迟复为歉。闻捷结论，已设法请他们快点，但目前办事极慢，很多活人的事，至今未动，死人更可想而知……”

10 月 17 日，刘白羽致信李季：“……《石油大哥》长诗，我和康世恩同志都读过了，总的印象很好，很有气魄，塑造了一个动人的石油工人形象，语言通俗、流利……”

10月19日，在北京虎坊桥东北边的一家名叫远东饭店的小宾馆，举行“文革”后全国第一次文学创作会议“短篇小说创作座谈会”，出席会议的有：王朝闻、贺敬之、王子野、张光年、茅盾、刘白羽、沙汀、周立波、马烽、李季、韦君宜、茹志鹃、李准等。

座谈会进行到第四天下午，茅盾亲临会场，作了热情洋溢而又语重心长的发言。会后一个月，他的发言稿同时在《光明日报》和《人民文学》刊出。稿中开头的几句话，可谓对这次会议最恰如其分的一个总结：“这次座谈会，人数不多而方面甚广；作家而外，有诗人，评论家，都是文坛上久经考验的坚强的战士，卓有贡献，向来为广大读者所欢迎和热爱。现在共聚一堂，畅谈心得，交流经验，必将对创作的繁荣发展，发生重大影响。”

11 月，《赞〈王贵与李香香〉》载于《安徽文艺》第 11 期，作者吴欢章。

11 月 10 日，杜宣致信李季：“来信收到很久了。最近忙着搬家。在‘四人帮’专政下，十年来我们全家祖孙三代住在一间房子里，我没有一张桌子，没有一个抽屉，现在总算是有一个比较安静的家了……”

11月20日，李季参加《人民日报》编辑部举行的彻底批判“文艺黑线专政论”的座谈会，并在会上发言。

11月30日，李季发表《毛主席的革命文艺队伍是一支好队伍——斥“四人帮”对文艺队伍的诽谤和污蔑》，载于《人民日报》。

12月，李季向中宣部呈报拟请严辰同志出任《诗刊》主编，中宣部批示同意，并转中组部办理了恢复严辰同志在职干部身份的手续。

12月14日，在京的诗歌界、文艺界的同志六十多人，怀着十分喜悦和振奋的心情，冒着雨雪来到《诗刊》社，济济一堂，学习、座谈了毛主席给陈毅同志谈诗的一封信，出席座谈会的有：贺敬之、臧克家、赵朴初、谢冰心、林默涵、魏传统、张光年、阮章竞、张志民、冯牧、王朝闻、秦牧、林林、海棱、李瑛、徐迟、唐弢、朱寨、蔡仪、朱子奇、程光锐、徐刚、邹荻帆、常任侠、芦荻、金近、谢冕、孟伟哉、梁光弟等同志。座谈会由《诗刊》主编李季同志主持。会上发言热烈，有些同志作了书面发言，大家畅谈了学习体会，探讨现代诗歌发展方向。

12月28至31日，为响应党中央号召，深入揭批“文艺黑线专政”论，彻底打碎“四人帮”强加于文艺界的精神枷锁，解放文学艺术的生产力，经请示中宣部批准，由《人民文学》编辑部出面，召开在京文学工作者座谈会。这时，中国文联和中国作协仍未恢复。张光年同李季、冯牧等同志反复磋商、反复研究如何开好这个会。为此，他们做了精心的策划。鉴于这是粉碎“四人帮”后最大最重要的一次集会，除了邀请在京的作家、诗人、评论家外，还特意邀请了艺术界许多名家。

一边坐着叶圣陶、冰心、夏衍、周扬、冯乃超、魏传统、曹靖华、臧克家、曹禺、周立波、姚雪垠、周而复、严文井、冯至、魏巍、吴组缃、李季、蔡仪、林林、冯牧、草明、阮章竞、李何林……

另一边坐着茅盾、赵朴初、王瑶、唐弢、骆宾基、徐迟、秦牧、李准、峻青、雷加、吴伯箫、曲波、胡奇、袁鹰、叶君健、朱寨、许觉民、王愿坚、曾克、柯岗、李纳、严辰、张志民、柯岩、丁宁、侯宝林、王匡、王子野……

还有其他协会的负责人：蔡若虹、李超、吕骥、张庚、邵宇、孙慎、贾芝、袁文殊、陶钝、盛婕、陆静、罗扬、吴群、陈勃等。

当时的中宣部部长张平化，副部长朱穆之、廖井丹，文化部部长黄镇，副部长刘复之、周巍峙、贺敬之、林默涵，解放军总政治部文化部部长刘白羽等都出席了会议。

郭沫若同志由于身体不好未能出席，他给会议主持者张光年写了一封信，提交了他的书面发言。李季激动地说："'四人帮'剥夺了我们写作的权利，我们都停笔十年了。现在笔又握在我们手中，我们要写出更多更好无愧于伟大时代的作品。"

会议在海运仓胡同总参招待所召开，散见在社会各个角落里的原文艺界人士呼吁尽快恢复已经停止活动十年的中国文联和各个文艺家协会。中宣部重视和接受了大家的建议。部长张平化在12月31日举行的闭幕式上口头宣布：经研究，同意文联各协会尽快恢复工作。恢复文联各协会筹备组由下列人员组成：组长林默涵；副组长张光年、冯牧（兼秘书长）。恢复中国作协和《文艺报》筹备小组：组长张光年，其他人员有李季、冯牧、孔罗荪、朱子奇。

1978年56岁：

1月，《诗刊》发表《毛主席给陈毅同志谈诗的一封信》，文艺界热烈展开形象思维问题的讨论。

1月，《〈王贵与李香香〉浅谈》载于《北京文艺》第1期，作者林非。

1月10日，恢复文联、作协筹备领导小组成立。张光年任组长，李季、冯牧任副组长。

2月，《人民诗篇的第一座里程碑——读〈王贵与李香香〉》载于《内蒙古师范学院学报》，作者特木尔巴根。

2月13日，《扣人心弦——听姚锡娟朗诵〈只因为我是一个青年团员〉》载于《广州日报》，作者黄加良。

2月21日，戈壁舟致信李季："李季老友足下：捧读大札，感慨良多。闻捷惨死，小川早逝，我等多年来亦已奄奄一息，若非华主席一举粉碎'四人帮'，你我早已追随闻捷、小川于地下矣。大地春回，万物复苏，我等虽不能引吭高歌，亦有情不自禁之嘤鸣，谨陈近作一篇，非欲发表，聊表寸心而已。因有小恙，未能畅书所怀，以诗代柬，所恕简慢。戈在博物馆作顾问，安仍病休。问候小为同志好，祝全家安好！ 戈壁舟、安旗 二月二十一日"。

2月24日，李季出席了粉碎"四人帮"后第一次召开的全国政协会议——政协五届一次会议。会上，李季痛斥"四人帮"在文艺界犯下的种种罪行，在提案中为许多还没有"解放"的老作家鸣不平。

2月25日—3月5日，巴金出席第五届全国人民代表大会第一次会议，会后拜访了臧克家、汝龙、李季、李健吾、曹葆华、顾均正等友人。

3月20日，李季发表叙事诗《红卷》，载于《人民文学》3月号。

3月25日，晚7点多钟，在北京站，张光年、冯牧、李季、刘剑青一起去接陈荒煤。本来车是6点20分到，但晚点了一个多小时，他们到离北京站较近的张光年家吃晚饭后，又到北京站去接人。在迎接陈荒煤的人中，李季的笑脸在灯光下显得格外灿烂，几个人中他是最年轻，也最易激动、性情最豪爽的一个。“文革”的苦难，干校的磨砺，失去最亲密战友的痛苦，并没有让他消沉，他很快就把自己投入到新的工作中去，他的兴致勃勃和精力充沛让刚从重庆回到北京的陈荒煤一下火车就感受到了，不论是对待工作，还是对待身边的人，李季就像一团火。

3 月 26 日，全国优秀短篇小说评选发奖大会在北京举行。

4 月，《〈王贵与李香香〉的比兴手法》载于《浙江文艺》第 4 期，作者余之。

4 月，《说比兴——重读〈王贵与李香香〉〈漳河水〉有感》载于《河北文艺》第 4 期，作者杨子敏。

4 月 20 日，李季、葛洛代表《诗刊》致出版局党组函。

4 月 29 日，石鲁致信李季：“李季兄：送上题签四则任选。再奉上我的诗词两卷请赏阅，如可取再请告。握手　石鲁　四月二十九日”。

5 月，湖北文学界吴芸真、王淑耘到北京拜访李季，想听听他对恢复《长江文艺》的看法。他们来到李季的办公处，一位中年同志对他们说，李季同志事情很多，找他接谈的人也多，他没有好好休息，血压一直很高，要他们控制谈话时间。王淑耘向李季汇报说：“现在呢，大家都在议论我们的杂志是改刊《长江文学》呢？还是恢复《长江文艺》呢？还是重新创刊呢？”静了一下，然后是“砰”的一声，只见李季的手掌重重地拍在桌上，吼道：“什么改刊、什么创刊，告诉你，恢复、恢复，说我们以前是毒草，说我们以前是黑线，我告诉你们，我们是红线，我们是从延安来的一大堆人，我们怎会是黑线。”大家都没有说话。李季轻轻拍了拍桌子，又说了：“问题是目前要把队伍拉起来。要重视三个队伍建设。”同去的人不明白，问了一句，不是两个队伍吗，编辑队伍和作者队伍。只听李季大声说：“还有理论队伍，一个编辑部，没有理论队伍，就没有了脊梁。”

5月，石鲁再次赴京看病，李季定要留石鲁在家小住。当时李季的小儿子李江树因骑车把腿摔了，腿总是又痛又麻，石鲁用随身带的针给李江树针灸治疗，三次就基本治好了。临走时，石鲁挥毫，为当年半宿半宿在昏黄的煤油灯下一同设计报纸副刊版式的老伙计，留下了一帧条幅："中原厚土，大地耕诗"。

5月4日，李季为《菊花石》重版写后记。

5月7日，李季复一位青年诗歌爱好者的信。"郭尚义同志：我在一九五三年以前，也是个青年业余作者，许多作品，都是在业余时间赶写出来的。只要酝酿、思考成熟了，利用业余时间写是完全可以的。"

5月15日，中国文联各协会筹备组会议在礼士胡同54号文化部理论政策研究室办公室举行，讨论召开文联三届三次全委扩大会议的细节问题，会后向中宣部写报告并经批准，明确了有关中国文联与各协会关系的一些重大问题。中国文联恢复工作后的中心工作是筹备第四次全国文艺工作者代表大会。筹备组就是文联的工作机构。筹备组长就是文联的秘书长，副组长就是副秘书长。筹备组实际上就是党组，起党组的作用，直到四次文代会召开。

5月19日，李季复蔡明川同志："……文联恢复活动的会，不久即将召开，此后，工作担子会更重，下去生活，坐下写作的时间，也越来越少了。加上身体不争气，常有余生很短、力不从心之感。但越这样，也就越想多写一些，甚至，有时我也想写长篇，这对我，当然只能想想而已，但心总不死，奈何？咱们这一代人，看来都是属跳蚤的，只要不死，总是一股劲地跳……"

5月27日，关于"真理标准"问题的大讨论、批评"两个凡是"的观点，为中国文联第三届全委会第三次扩大会议作了思想准备，为以"伤痕文学"为代表的"新时期文艺"的诞生打开了通道。全会于1978年5月27日在北京西苑饭店礼堂开幕。参加开幕式的有文联全委、特邀代表、在京文艺工作者八百多人；来宾有中央宣传部部长张平化，副部长黄镇、朱穆之、廖井丹，对外友协会长王炳南，文化部副部长刘复之，《红旗》杂志社负责人熊复，《人民日报》负责人秦川，新华社社长曾涛，《光明日报》负责人杨西光，国家出版局局长王匡。会议由恢复中国文联和各协会筹备组组长、大会执行主席林默涵主持。中国文联副主席茅盾致开幕词。著名电影演员于蓝代读中国文联主席郭沫若的书面讲话稿《衷心的祝愿》。黄镇代表中央宣传部作报告，题目是《在毛主席革命文艺路线的指引下，为繁荣社会主义文艺创作而奋斗》。筹备组副组长冯牧代表筹备组报告会议筹备经过。

5 月 30 日，杜鹏程致信李季：

“我到乡下去了，关于《闻捷诗选》收集和编排的打字材料，是最近才看的。从打字材料看，诗文收集是相当不错的。但是，解放前的诗文似乎连一篇也没有。我记得，在《解放日报》（有影印本）、延安出的《群众文艺》（刊物），特别是延安出的《边区群众报》上，他的短诗或文章很不少。（当初在《解放日报》发的一整版的《精神治疗与肉体治疗》，都是相当好的文章。）解放初期，在西安的《群众日报》上或《西北文艺》上，是否有什么诗文，记不清了，但不妨查一查当时的报刊。（关于《边区群众报》上是否发表过什么作品，可到《人民日报》社问一下胡绩伟同志，他当时是那里的负责人之一。）将来你或别的同志如果给闻捷作品写序的话，我希望能把他参加革命前和参加革命后的经历详细一些，（冯牧同志给《郭小川诗选》写的序挺好。可惜在这方面尚感不足。）使读者更多地了解他。

“闻捷离开我们了，小川离开我们了！昨天看《人民日报》，看到黄宗江悼念海默的文章，才知道海默是被活活打死的！‘四人帮’之流，把多少优秀的同志杀害了啊！想起这些，心里又愤恨又痛苦。

“从北京来的同志口中知道，你身体也很不好，希望多多保重。我和你一样，心脏病很严重，又加上高血压。和我们一块长大的战友一个个倒下去，你我这样活着的人，实在是责任更加重了，因此，不管怎么说，还得努力前进，做一点工作。敬礼！杜鹏程　五、三十”。

李季和闻捷不是一般关系。1948 年 1 月，李季奉调到位于陕北绥德义合镇霍家坪村的《边区群众报》时就和闻捷在一起。一次李季与闻捷过延河，闻捷腿上有伤，李季背着他走了十几米，脚一滑，两人摔进水里，李季的腿肚子被河底的利石划出一道很长的血口子。“手挽手蹚涉雨后的延河 / 又一同背起背包走向前线。”——1963 年，李季在《向昆仑》中写下了这样的句子。“文革”中，闻捷每次来北京，两人都会到中山公园长谈当前的局势和国家的走向。

“文革”初期，闻捷的妻子杜方梅在苦闷中自尽。几年后闻捷向“工军宣队”申请与戴厚英结婚未被批准。在数种原因的重压之下，1971 年 1 月 13 日，闻捷在绝望中开煤气自杀。闻捷去世后，戴厚英给李季写了几十封解释的信。

李季对闻捷的几个女儿多有照顾。

“七月的延安，群山葱翠，一川清流。多少个赤日炎炎的中午，我们一起在清清的延河水中尽情畅游；多少个晚霞漫天的傍晚，我们漫步在斜映着宝塔山影的延水河畔，纵情谈笑。这种时候，画家石鲁同志，照例是我们不可缺少的友伴。我们谈诗，谈画，而闻捷谈得最多的，还是他的‘本报讯’。”——李季在 1978 年 8 月《人民日报》副刊发表的《清凉山的怀念》中，倾诉了他对闻捷的怀念。

6 月 5 日，大会通过的“中国文学艺术界联合会第三届全国委员会第三次（扩大）会议的决议”说：“会议决定在明年适当的时候，召开中国文学艺术工作者第四次代表大会，总结建国以来文艺战线正反两方面的经验和教训，讨论新时期文艺工作的任务和计划，修改文联和各协会章程，选举文联和各协会新的领导机构。会议对恢复文联和各协会筹备小组这一段时间的工作表示满意，责成筹备小组继续负责筹备第四次文代大会。”“决议”第一次使用了“新时期文艺工作”这个词，从而宣告了“新时期文艺”的正式诞生。

6月15日，沈雁冰致信李季：

“我这里有许多（三大包）文学青年的来信和稿子，我费了一个星期的时间把这些来件都看过了，并注上我的意见。我觉得此等‘有志’于文学，并‘发誓’要把自己的一生献给祖国的文学事业，其志可嘉，然而其思想之糊涂，也令人惊讶。我劝你把这些信上我注的建议看一看，写几篇社论，针对这些有志于文学的青年（农村和在工厂的等等）的糊涂思想痛下针砭；这对于他们有好处，因为他们是在本行工作以外挤时间‘熬夜’从事于所谓写作的——而且事数十万言的巨著。不是我小看他们，这有事实根据的，即他们的来信，文字不通，自己创造的字也不少；我以为要从事写作总得先求文字通顺。

“这些信大都由你们那里转来的，也有只写‘北京作家协会’或‘北京文联’，而邮局居然送到我这里。这些信每日有四五封，（有附稿子，有附写作计划而要求帮助——这所说帮助是帮助他构思，描写环境、人物等等，换言之，也就是他们出题目‘美其名曰出思想’，而要老作家代他写成小说或其他剧本之类）。我真被这些来信弄得焦头烂额，甚至失眠病加重。因此，请您对编辑部的工作同志说明：(一）以后凡有寄到你们那里转我的信，请他们不必转来，即拆阅处理。(如果我是六十二岁而不是八十二岁，我是愿意分担你们的麻烦的，但现在精力真正一天不如一天，尤其看了那些似通不通、白字连篇、空话废话一大堆的，‘有志于文学’的青年来信，实在头痛。(二）我打算借贵刊地位，登一启事，说明我的年老精力衰弱，又两目半失明，并无什么‘秘书’之类帮我看信读信，每日还要抽出一小时学习马列主义、毛泽东思想，并非他们所想象的那样有很多时间为他们服务（包括解决他们的提高写作水平，替他们改稿等等），而且我还有突然交下来的任务，例如会见外国的文学代表团，川流不息地到北京来调查访问的所谓（外调）人员，调查的问题例如三十年代有某人在上海态度，而此人我是根本不认识或不记得的，又如大革命时期武汉有些人的情况，而这些人也是我所不认识或不了解的。当然我的启事，不会写得这样啰嗦，主要说明：年老体弱，两目半失明，想为青年人服务而力不从心；有些青年要求调京，面受我或其他老作家的带徒弟的办法，根本行不通，文联和作协似乎没有这样大的权力，从农村或工厂调一个文字不通的青年来培养。匆此即颂，健康，并盼赐复。 沈雁冰 六月十五日”。

7 月，成立中国作协临时党组，书记张光年，副书记冯牧、李季。

7 月 20 日，李若冰致信李季：“身体咋样，愿你长寿。我准备这个月底来京，到任丘、大庆几个油田上去。本来，想和老杜同行，他近日血压不稳，只能等以后了。长期以来，我是极想会一会石油战线的战友们呵……”

7 月 29 日，李季致信巴金：

“你好！书收到。谢！我在文联会议期间向你所谈的《人民文学》准备发表文学回忆录的计划，谢谢你的赞同和支持！编辑部同志很希望你能执笔为我们撰写这方面的文章，请你选选题目写起来吧！

“另，最近如可能，也希望读到你的小说或散文新作！谢谢。匆匆，祝好！ 李季 七月二十九日”。

7 月 29 日，袁鹰（田钟洛）致信李季：“近日可好？……三月初我曾为《人民文学》写了一篇纪念总理八十诞辰的散文，想从一个新的角度写总理一生为国为民的凌云壮志。交稿时，三月份稿已发，后来就一直留在编辑部，我自然没有意见。最近，金近那里（《儿童文学》丛刊）要去看了一下，我是觉得给孩子们看不大合适，因为总理的许多事迹是概括写的，孩子们不熟悉。我个人想法，如有可能，能在《人民文学》上用更好。但是可能稿子较挤，周明同志他们也有难处。因此我没有将稿件寄回给他，而是直接送你，请你看时翻一翻，如觉得不行，就还给我，毫无关系，不要让编辑部为难。如你认为还可用，我就希望能在今年内用掉，因为是纪念八十诞辰的。不知以为如何？问小为好。握手！钟洛　七、二十九”。

8 月，李季为《李季诗选》写编后小记：

“在出版社编辑同志的盛情督促下，时断时续，花了近四个月的时间，总算把这本短诗集，编选出来了。

“挥汗中校读完最后几篇小诗，掩卷闭目，感愧交集。我为我所歌唱过的三边、玉门，以及以大庆为代表的百万石油工人，感到光荣和骄傲。同时，也深深为这些给祖国立下汗马功劳的英雄们写得太少，到今天也没有写出几篇自己比较满意的作品而感到脸红。

“我大概是属于那种类乎‘本色演员’的角色，只能凭靠自己直接的亲身体验和生活实感来写作。从以往很长一段写作经历中，我懂得离开了三边、玉门，和一些我曾或长或短直接参加工作的地方，离开了石油工人，我就很难写出诗来。这是由于我的笨拙所产生的个人局限性的表现。在诗的战斗行列中，我还只是一个不成熟的普通战士。

“对于诗，我是有所追求的。1959 年 5 月，我在短诗集《难忘的春天》后记中，曾经写过的那些意见，至今也仍是我所追求的目标。回顾这二十多年来的写作实践，收效甚微，长进不大。把这篇后记，作为附录编在书后，既是自我批评，也有鞭策自己继续努力之意。

“像《难忘的春天》一样，这本集子仍然是只选了一百篇诗。这些诗，是从《短诗十七首》、《玉门诗抄》（一、二集）、《致以石油工人的敬礼》、《西苑诗草》、《第一声春雷》、《我们遍插红旗》、《心爱的柴达木》、《难忘的春天》、《海誓》、《剑歌》和《石油诗》（一、二集）等十几本短诗集中，选编起来的。几首篇幅稍长的诗，因将另行出版单行本，就不再收入这个集子了。

“诗的编排顺序，按写作时间先后排列。在编校过程中，对部分诗的章、句，作了一些文字修改，但均以保留原诗最初面貌为限——何必在读者面前掩饰自己学步期的幼稚呢？”

8月，李季怀念老战友闻捷的散文《清凉山的怀念》载于《战地》增刊第1期。

8月，团中央十大筹委会团队歌征集小组的同志到李季家拜访，李季说：“我对歌词是大外行，别找我，你们一定要去找歌词专家王石祥啊。”

8月9日，艾芜致信李季。

8月15日，《人民文学》编辑部就小说《班主任》的评价问题以及它在目前创作上的意义举行座谈会，进行了热烈讨论，出席座谈会的有冯牧、孔罗荪、李季、严文井、韩作黎、许觉民、朱寨、林斤澜、刘厚明、屠岸、江晓天、邓绍基等同志。

9月，《雪压霜欺香益烈——重读〈王贵与李香香〉札记》载于《北方文学》第9期，作者赵祖铸。

9月，以周扬为首，苏灵扬、露菲、张光年、荒煤、冯牧、李季、孔罗荪等八人三辆小车，9时从北京出发，14时抵任丘（华北油田总部），开始了为期四天的考察。身穿一身工作服的李季好像是回到了当年的玉门油矿深入生活的年代，他忙前忙后，马不停蹄，还自称是他们中间身体最好的一个。回到油田，就像回到家一样，他怎么能不兴奋，不高兴。

9月3日，李若冰致信李季：“你的身体比前更好些了吧。我在大庆，从指挥到工人，许多同志都问候你，想念你，希望你的身体快快地好起来。我转达了你向陈烈民同志的问候，他很关切，问到你的身体、工作和生活。我来大庆已好些天，走了不少地方，见到不少的老战友、老师傅，一切对我永远是那么新鲜动人，我是带着负债累累的心情而来，当然也是为着还债做准备的。原来，我想待到这月上旬，现在看来还要延长一段时间。这样一来，去任丘等油田的计划也要推迟。我把这个情况已给老杜去信，让他根据身体情况，到北京和你联系，你们一块先去，我随后再去。我到北京大约到这月下旬，到时再和你联系吧。给你写信后，我准备到石化总厂住些天，那里有位失去双臂的模范标兵耿玉亭同志，还有其他几位标兵，我很想看到他们，向他们学习。延泽民同志陪朝鲜采访团后，在这里留住几天，他向你问好，我们一块住在东风接待站七号院。祝你和夫人康健。若冰 1978.9.3”。

9 月 9 日，李季出席在金鱼胡同的和平宾馆召开的欢送中国作协下厂下乡访问团的会议。

9 月 23 日，陈白尘致信李季：“得文井同志信知蒙你赠阅刊物，不胜雀跃之至，谨向你致谢。也得向你告罪，今年七八月间在京，不曾看望你，这原因主要是忙，在赶个电影剧本，其次也是有所顾虑，我还是个半明不白之人，因此《人民文学》编辑部这个大门，还是不曾跨，我现在南京大学中文系挂名，算是脱离江苏文联这苦海了，并告。曾听说你病，不少看到你新诗作，很惦念，希望你什么时候再赐我一支烟（这故事我终生难忘），一笑，问候小为同志。我的地址是：南京大庆路 141–2 号，平时少去学校。敬礼，陈白尘　九月二十三日”。

10 月 3 日，李季发表小说《油乡近事》，载于《人民日报》，收录于短篇小说集《马兰集》。

10 月 22 日至 25 日，召开了《人民文学》《诗刊》《文艺报》三刊编委会联席会议。随着文艺界拨乱反正的持续推进，中国作协的工作局面已初步回转常态，《人民文学》《诗刊》《文艺报》都已收归中国作协主管。组织和主持这次三刊编委会联席会议的，就是当时已任中国作协党组书记和书记处书记的张光年。他在会上发言中希望作协三家刊物在1978年5月11日《光明日报》特约评论员文章《实践是检验真理的唯一标准》引发大讨论的背景下，接着一年前集中批判“文艺黑线专政论”的势头，继续联系现实，创造机会，针对文艺创作能不能适应新时期总任务以及在文艺领域扩大社会主义民主等新问题，展开生动活泼的讨论。出席会议的三家刊物的编委们，其实也都是首都文艺界的资深名家，如曹禺、冰心、冯至、沙汀、臧克家、邹荻帆、魏巍、刘白羽、林默涵、唐弢、孔罗荪、陈荒煤、草明、韦君宜、柯岩、严辰、冯牧、李季、李瑛、袁鹰、赵寻等。

10月23日，李季致葛洛等同志的信：“葛洛、许以、剑青、光群同志：事务忙且乱，不能系统考虑刊物问题，想到这几件事，怕忘了，写下供参考：一、儿童文学作品，十二月或明年一二月应发几篇，尽可能做到每两三个月都有几篇这样的作品（诗也可以）。二、历史题材、科幻小说，在保证优质的前提下，每季可否各有一篇？三、曲艺（包括革命故事）作品，未发久矣，相声、故事等，不大力组织，现成可用的恐不会有。真正好的传统的段子（如一九六四年发的）也无不可。四、《白求恩》式的电影剧本，《王昭君》式的话剧剧本，也请勿忘。只是好的太难找，但时常留心，明年也许会有一至两个。致，敬礼！李季　1978年10月28日”。

11月4日，陈学昭致信李季：“……从《人民日报》上看到您的《油乡近事》，写得很生动，可见您身体很好，能出去参观访问，非常欣羡。黎辛同志在北京多时了，想见到……”

11月19日，苏金伞致信李季：“我回来近一个月了。已写了几首小诗寄《人民文学》还没有回信，不知道能否发表。我们这次出去访问，收获很大，思想感情提高不少，那些劳动英雄们的讲话，像发射台一样，一下子把你打到一个高地上，眼界开阔，境界提高，赶上目前新形势的发展，这一点很重要，我这次能出去，主要是你和光年、葛洛同志的关怀，非常感谢。因为新华社一发消息，我的地位也不同了，你知道，这二十年来是没有人理我的，关于右派问题，我已写了材料，据推测可能解决，听吴萍说，黎辛同志的问题已解决了，还是北京快一些。黑丁问题，搁在这里，不杀不放，他向中央写了材料，但不见下文，你趁便可向文化部了解一下。河南段君毅来，在开三级干部会议，听说是揭批刘建勋。他是‘四人帮’在河南的总代理人，把他的盖子揭开，河南的问题就抖出来了，河南人看看北京的形势，都有些着急，我想中央既派了段君毅来，他总是可以解决的。由于黑丁的问题不能马上解决，据说省委准备先成立一个临时领导班子，暂时开展文艺活动，等文代会后再正式恢复。你最近身体怎样？望多加保重。即祝建安。金伞1978.11.19”。

11 月 20 日，李季发表小说《病房三章——暮云期手记断片》，载于《上海文学》11 月号，收录于短篇小说集《马兰集》。

12 月 7 日，萧三致信李季。

12 月，中旬，周扬等应广东省委领导邀请参加广东文学座谈会。周扬在广州友谊剧院作了题为《关于社会主义新时期的文学艺术问题》的长篇报告。报告提出了“新时期文艺”这个概念，谈了六个问题：一、社会主义新时期文学艺术的任务；二、歌颂和暴露的问题；三、社会主义文学和它的同盟军；四、艺术的形式和风格问题；五、学术上的自由讨论问题；六、文学艺术的领导问题。夏衍、张光年、林默涵、李季等出席了会议。会上这几位领导都讲了话，批驳了江青的“黑八论”之说。会后几个人同游肇庆七星岩。

12 月 18 日，白危致信李季："记得'文化大革命'前我们还见过一次面，转眼工夫十二年又过去了，'四人帮'粉碎后，见到你的新作，不胜欣慰。我于今年六月初重返黄岭区农场生活，准备续写《垦荒曲》第三部，不料到了河南，才知道这里的紊乱局面，上行下效比任何地方都严重，林彪'四人帮'在这里的流毒很深，农场也不例外，最近中央派段君毅同志主持河南，才开始逐渐好转，农场也整改肃清'四人帮'流毒。今后可能办成南斯拉夫近郊贝尔格莱德工农联合会企业式的'工农联合企业农场'，已同意这样办。十月三十日给《人民文学》挂号寄去《郭庄外史》特写一篇，地址误写成北京朝内大街，十一月七日又去你们编辑部询问，如未收到该稿，请打电话给朝内大街人民文学出版社，至今一个半月，还未见下文，请你通知编辑部的同志查一查，该稿如不合用，请挂号退还给我。明年一月八日是周总理逝世周年，我写了一篇纪念文，题目叫《光照千秋》，于十二月三日挂号寄给《人民文学》。这篇纪念文时间性比较强，倘不会用，请你通知编辑部马上寄还给我，我知道你很忙，不敢多打扰你，我身处农村，消息很不灵通，如得便，告京中近况。编安。白危　一九七八年十二月十八日"。

12 月 18 日，欧阳山致信李季："季兄：送上小书一本，留个纪念，这次你身体不好，没有给大家讲几句话，实在遗憾。待全国文代会开过后，广东也要开文代会的，那时候你再来，把这里的创作促进一下，好不好？另有平装本十一本，麻烦你转交给办事人员分送一下。因为我不知道他们的地址，无法邮寄，这加重了你的行李，给你添了累赘，甚为不安。今晚因有别的事，不能来送你了，请原谅，希望不久能再见面，畅谈一番，敬祝旅途健康。欧阳山　一九七八年十二月十八日"。

12 月 26 日，李季为诗集《石油六歌》编写后记。

1979年57岁：

1月，《中国文学辞典》编录李季条目，四川人民出版社出版，1979年版。

1月，电影《啊！摇篮》主题歌寻找词作者，剧组希望找一位当年在陕北生活过的作家，最后选定了李季。李季为该电影创作了两首插曲的歌词：《摇篮曲》《信天游》。

1月13日，苏金伞致信李季："李季同志：在新侨饭店门前一别，回来已近二十天，我的问题，去京前已经上报，但现在还未批下来，前两天又把改正结论拿来我看，我改了几个地方，签了同意，但何日批下，也难预料，《河南日报》及出版局正大步解决，唯独文联慢腾腾的，听说还让文联专案组介绍经验呢！黑丁的问题，还未解决，现在又发了岔，更其复杂了。黑丁问题未解决，组织部突然派了个文联筹备组来，副组长牛星斗原是工作组成员，进驻后宣布，维持省委决定，保护原告人，群众极为反感，而且官僚气十足，思想僵化，难以工作，筹备组副组长等于文联领导，而原文联副主席倪尼，竟是第四名，因此公布后，群众大哗，贴大字报，准备罢工，这样一来，问题更不好解决了，大家不干也好，让这头牛拉吧！今天上午宣传部于大申同志找文联同志谈话，去了六七个人，不知道结果怎样。有些问题，地方上处理错误，但又不给纠正，解决一个问题，真是'难于上青天'，最后闹到中央，等中央说了话才能解决。黑丁的问题也是这样，中央不说话，我看早着呢！牛星斗大家反对，但要请省委撤走，也是妄想！目前各级情况就是这样，你说怎么办？就写到这里吧，趁着机会，给耀邦同志反映一下，各地文联问题，中央也得管，不能让地方上胡闹。祝好！ 金伞 1979.1.13"。

1月14日至20日，李季参加《诗刊》编辑部在北京西苑旅社召开的全国诗歌创作座谈会。这是“文革”以来十三年中第一次诗坛盛会。张光年主持，周扬、胡乔木出席。李季在诗歌创作座谈会上的发言载于1979年“全国文联简报”。

2月，《〈王贵与李香香〉中比兴的运用》载于《辽宁师院学报》第2期，作者代一。

2月12日，康濯致信李季：“你身体欠佳，我也要赶快回去，不看你去了。我们家里小车出祸，谷曼同志及另一副主席受伤住院，得马上回去了。以后再见！我想是定能见到的。烟一条，请张僖同志代转。安排来京写作事，虽目前尚未定，但我还写了个申请交张僖同志，请你体察下情，想到本人实在难于再受苦受难下去了，切切予以协助，渡我出苦海，功德无量了！此回去后，当力争有点时间写两个短篇，寄贵刊候审。问候夫人及孩子们并你春节好！ 康濯 七九年二月十二日”。

3月，陈荒煤代理中国作协临时党组书记，冯牧、李季、张僖为副书记。

3月6日，苏金伞致信李季：“李季同志：首先告诉你一个好消息，我的问题已彻底解决，省委已批下来同意改正，恢复了原来级别（行政级十一级），从去年十月份起补发了工资。至于工作安排，我倒不着急，行政工作我无兴趣，能写出作品来就是好的。今天寄给《人民文学》两首诗，都是写大庆的，不知诗歌组什么意见，希望你能看一看。光年同志的病怎样？听说略有减轻是吗？希望他快些痊愈。现在全国文艺工作正需要他，他敢于说话，坚持真理，大家对他都很敬佩。黑丁问题正在加紧进行，可能不久就解决，工作组牛星斗不得人心，如果将来留下来工作，将是一害，等黑丁问题解决后，我们一定共同抵制他。祝好，金伞 1979.3.6”。

3月25日，李季发表抒情长诗《石油万里从军行——致连长》，载于《收获》2月号。

3月26日，李季主持召开1978年全国优秀短篇小说评选发奖大会。这次评选活动是由他首先倡议的，他自始至终参与了组织工作和评选活动。

3月底，由中组部、中宣部、文化部、中国文联四部门联合召开“全国文艺界落实知识分子政策座谈会”，这是粉碎“四人帮”以后一次研究文艺界落实知识分子政策的重要会议。参加的有各省市自治区党委组织部、宣传部、文化局、文联的负责同志和国家计委、财政部、民政部、劳动总局等有关部门的同志，共一百多人。3月30日，胡耀邦同志莅临会议。时任作协负责人的李季在清理复查平反的问题上毫不犹豫地说：不留任何尾巴。可见作协领导平反冤假错案的决心很大，态度极其明朗。

4月1日，李季给闻捷女儿小妹的信：“小妹：最近这些天忙得要命，几天前给你写了封信，匆匆忙忙，有些话也未写完。上次信中所说的电视节目文化生活‘短篇小说座谈会’，已决定在下个星期六晚上播放（四月七日），请你到时候一定想办法看看。这次座谈会开了一个星期，请了茅盾、周扬、陈荒煤、唐弢、草明等同志讲了很多很好的意见，二十多位作者，绝大多数也讲了很好的意见。从他们的发言里可以看出，这些作者之所以写出好作品，不只是他们同人民一起生活，同甘共苦，同欢乐同悲痛，还因为他们痛苦地对这些生活严肃认真地思考过。可惜你不能跟着听一听，真使人受教育呵！我这些天多次想到你，我完全同意并支持你刻苦认真地奠定文化基础的努力，今后也还是需要继续进行这种学习。但是，做一个编辑，仅仅这样，是非常不够的，他还必须经常接触当代文艺思潮，对当前文学创作中存在出现的各种各样的问题，保持清醒的头脑，具有正确的认识。而这些在北京是有近水楼台之便的。一些文艺界的权威作家、理论家（如周扬、茅盾等），他们的一次讲话、一个发言，常会使一些重大理论问题，甚至文学史，改变写法。我常感到一个中央级刊物的普通编辑，应该思想更敏锐些。今后如可能，我当尽量把一些印发的讲话稿，给你多多寄一些，望认真阅读学习。不早了，就写到这里吧。听说桔子可能回来，是吗？如桔子回不来，无论如何要找一两个同学一起住，千万千万！昨天接到讣告，说是甘肃的叶滨同志在京开会，突然死亡。他是你爸爸的好友，他一直很关心你们，死得真可惜！ 李季叔叔 1979年4月1日夜”。

5月3日，潘耀明致信李季：“李季先生您好：去年八月，我曾随‘香港出版界参观团’赴京，并在民族饭店与您及其他作家有一面之缘，虽然这样，您的优雅风度，仍给我留下深刻的印象。最近在香港书店购到您重版的《王贵与李香香》，喜出望外，过去曾读过，现在再次展读之下，仍不失清新、明快。过去您曾写过不少优秀、动人的诗篇，近年大抵身体不好，好像没有什么新诗作，未知最近有什么新诗作的面世或新创作计划？还有，您对以民歌形式写诗，有什么新见解？可否见告。随信附去熨胶彩照一张（可保永不褪色）及拙文《诗人的盛会》，一并请教正。如果方便的话，可否惠寄一张您的签名近照，以作留念。如果太麻烦，也不必介意。期待您的回信。并致敬礼！ 潘耀明 谨上 79.5.3”。

5月20日，《马兰集》书后：

“收集在这本集子里的十篇小说，是我在一九四五年七月到一九七八年九月，这三十多年先后写作的。

“我是一个不成器的小说作者。虽然从发表第一篇小说到现在，断断续续已经三十多年了，但所得既少，质量也都平平。缺乏才能，固是重要原因，没有把它当作常备武器，勤学苦练，这也是无须讳言的事实。业精于勤，仅仅是偶尔为之，这自然是难于写出好小说来的。

“比之于长篇小说，短篇小说应具有更强烈的时代感。自然，这是应当通过作者精心构思出来的生动有趣的故事情节，以及生活在其中的活生生的人物展现出来的。艺术上应当有所追求，勇于探索，一步一个新的脚印。这是多年来，我对自己写作短篇小说的要求和抱负。回首检视个人的写作实践，不禁令人汗颜。我愿在今后的岁月里，继续努力，争取写得更多些，也力求写得更好一些。

“承蒙河南人民出版社的同志们不嫌，给了我这个向故乡读者汇报的机会，谨在这本小书付排之际，书此以自勉。”

5月22日，李季复骆文同志的信：“骆文同志：手示敬悉。光年同志春节后即住院手术，我春节‘守摊’，诸般事务，弄得马不停蹄。原拟在稍有空闲时，遵命赶写点什么，但今日阜外医院再三电话催我去住医院（医生好意，要我去试用一种新进口的特效药），奈何？只好向你恳请宽免了。‘收’之说，是一种天大的误解；有些人对此说从心里求之不得。耀邦同志日前有一报告（即三千部电影），想你已见到，这是对吾辈最好的回答。《人民日报》不久将发专文，望注意及之。因要准备住院，诸事待我安排，匆草此信，敬候淑耘老大姐好！致同志的敬礼！李季　1979年5月22日夜”。

6月24日，邵燕祥致信李季：“李季同志：二十三日信收到了，谢谢您的关心和鼓励。再从我今春写的林区组诗，《桦皮书》抄五首送上请正。《地质队诗抄》一组原来写得较多，因过去有一些这方面的生活，去年恢复工作后又到地质队跑了一阵。近三十首，征求周围一些同志意见后删汰了一半。《诗刊》选发三首。我又把可能会使编辑部为难的、容易引起争议的扣压了下来，结果就是上次寄给您的那七首了。另外，有一组控诉和揭批‘四人帮’的诗，没有写定也没有写完，还待推敲斟酌，如有的愤激有余，而过于质直无文，等等。现由前者中选一首《一个地质队员的情歌》，由后者中选一首《失去比喻》，抄请一阅，想听听您的意见，皆不供发表。如何？您身体不好，事又多，麻烦您，告歉。您抽空看吧，也不必急于复我。我大约七八月份都留北京，九月后才出差，此致，健康！ 邵燕祥 六月二十四日”。

7月，张光年根据1978年9月到任丘油田访问的印象和在那里听到的几个真实的故事，写了一首近百行的诗。7月某日，张光年很早就到李季家。展开稿子，他说了一句：“我带着感情读啊！”于是，当年写出《五月的鲜花》《黄河大合唱》等名作的诗人便抑扬顿挫地读了起来。张光年读罢，李季拍手连声说：“好诗，好诗！”

7月，李季的好友华君武建议李季认识一下画家黄胄，于是便约好一起到了位于北京三里河南沙沟的黄胄家。黄胄见李季来了，非常热情，一面叫家人安排午饭，一面把李季带到他的画室，要为李季画像。画十几分钟便画完了，背景是王贵和李香香牵着毛驴，驴身上驮着粮袋。画中的李香香甚是俊秀，前景中的李季神情安泰。画毕，黄胄还在空白处添了一笔，“华君武拜观”。此后，李季一直把这幅画挂在书房里。

8月，周扬夫妇、李季、孔罗荪在周扬家与来访的日本友人作家井上靖、美术史家宫川寅雄合影。

8月17日，李季《与新疆喀什部分文艺工作者和文艺爱好者的谈话》载于1979年《喀什文艺》第3期，由《喀什日报》邱零整理。

8月底，胡耀邦从一封反映情况的来信中了解到“歌德”与“缺德”的争论后，十分重视，当即与中宣部其他领导商量，决定召开一次小型座谈会，目的是统一思想认识，树立一种新的文艺批评风气，加强文艺界的团结，繁荣文艺创作。

9月4日至7日，座谈会在北京钓鱼台召开，由中宣部副部长廖井丹主持。参加会议的有全国文联的负责人和在京的全国文艺界和主要文艺刊物的领导林默涵、陈荒煤、朱穆之、冯牧、李季等。并邀请河北省委宣传部和省文联的有关领导、作家、文艺界代表和《河北文艺》的有关人员齐斌、梁斌、田间、刘哲及“歌文”作者李剑

(《河北文艺》编辑)等参加。

9月11日，臧克家致信李季："李季同志，久不见，闻你曾去新疆，而且经常出席会议，足见身体好，我一切也不错。前晚孟伟哉同志来小坐，他说《三十年诗选》改由你、严辰和我出名编选，我说，我一点消息也不知道。我个人认为不列编者名字较好，因为：1. 小说选、散文选、均不列编者名字。2. 此《诗选》出版后，一定是意见纷纷。不列编者，读者会觉得是由《诗刊》《人文》集体力量编选的。选谁不选谁，选多选少，是集体的意见和看法，如果我们三人出名，会被疑为有某种成见，不公允。这是我个人的想法，请你考虑一下。好！　克家上　9.11日"。

9月12日，李季作散文《乡音》，载于《人民日报》。

9月，李季将发表他散文的《人民日报》寄给他的小学老师黄子瑞，并在报纸上留言："子瑞吾师教正　李季一九七九、九　北京"。

9月14日，莫耶致信李季："李季同志：您好！那天给您那篇散文，最后一段关于培养青年干部问题上，提出什么现在对青年干部横挑鼻子竖挑眼，什么'火箭干部'等等，是那青年作者张俊彪加的，我考虑是不恰当的。由于我多年不写东西，写作技巧很差，希望能得到您和《人民文学》同志们的指导和帮助，不知您是否交给他们了，希望他们能帮助修改和提出意见。听说文代会要在十月上旬召开，不知确否？我们现在已组成三人写作小组，我、杨子江、高鲁，都是贺龙的老部下，(张俊彪由于政治观点不一样，我要他回兰州了)。我们打算写贺龙怎样从一个农民英雄成长为无产阶级革命家、军事家的主要历程，计划半年收集材料，明年写成。届时还希望您能加以指导。此外，听雷加同志说，作协每月都组织观看内部电影，是否请您能给我们送三张票，为着保证能及时收到，可寄：复兴门外铁道部第一住宅区18楼一号杨子江转。祝好！　莫耶 9.14"。

9月23日，管桦致信李季："李季同志：本月二十七日上午九时在紫竹院公园举行（墨竹、工笔花鸟、古筝独奏）欣赏预展。这次是绘画同音乐结合，大胆尝试。非常希望你以及《人民文学》编辑部的朋友们光临指导，你们在紧张繁忙的工作中轻松一下吧。古筝独奏者尹其颖同志为世界音乐比赛金质奖章获得者。二十七日上午为朋友们演奏，其他日子就放他的录音了。持此信，人数不限。握手！管桦　九月二十三日"。

10月，李季的长诗集《石油六歌》由山东人民出版社出版。

10月30日—11月16日，中国文学艺术工作者第四次全国代表大会在北京举行，邓小平代表中共中央和国务院向大会致祝词。会议选举茅盾为中国文联名誉主席，周扬为主席。

10月31日，中国文学艺术工作者第四次全国代表大会期间，中国社会科学院文学研究所副所长陈荒煤、《人民文学》主编李季等陪同荷兰导演伊文思观看舞剧《丝路花雨》。

11月，胡松华致信李季："李季同志您好。回族'花儿'是陈毅同志生前最喜欢的一种民歌形式，我心里一直激动地在想，如何努力再把它重新请到舞台上去唱给广大听众（'文革'前广大观众也熟悉这种歌），也借此慰问陈毅同志的英灵。'花儿'在1968年就被江青下令禁唱，说'花儿'不好。于是西北各省回族聚居区人民都闭嘴不唱了，年轻人不会唱了，但他们经常写信问我，怎么办？（以前常在电台听到后来听不到了）我真是一肚子气不好说。现在我努力写了一首东西，不成样子，八句，但我总想如能有四句绝词就更好，就不用唱八句了，更精炼。因以前就唱四句散板。因此想请您另写四句不知您有否空暇。如能如愿则我自己现写的这个东西就不用了。请您大力协助。致，革命敬礼！胡松华　即日"。

11月4日，中国作家协会第三次会员代表大会在北京举行。李季代表中国作家协会筹备组作《关于作协恢复活动以来的工作情况报告》。

11 月 7 日，李季在《光明日报》发表散文《有一个李文元》。

20 世纪 50 年代，李季在武汉办《长江文艺》，河南省唐河县祁仪乡农民作者李文元常给该刊投稿。1950 年至 1956 年，李文元写了许多小说、报告文学和创作谈。1950 年，他被选为县人大代表、省文联成员，并出席全国青年作家代表大会。1957 年，他因一篇小说被打成“右派”，“文化大革命”中备受折磨。1973 年，他染病却无钱医治，只好捧着几个鸡蛋充作药费到卫生所，终因未得到及时治疗于 1974 年去世。李季因在《长江文艺》时期就给李文元改稿，二人又是同乡，故与他甚熟。1979 年，有人将李文元的死讯告诉李季，并说他至今还未平反，李季甚为愤怒，连着两个晚上写了《有一个李文元》，在《光明日报》发表。这篇文章对李文元的平反起了很大的作用。次年元月，唐河县委做出了为李文元平反的决定。

11 月 22 日，石英致信李季：“李季同志，近好，您前次来信说要给我们《散文》月刊赐稿一篇，不知可已脱手，我急切盼望您在身体允许的条件下早日寄来，以便尽可能排在前面。当然也不要影响您的休息。随信并寄上最近出版的拙作短诗集《故乡的星星》，请您批评指正。祝，身体康健！石英　79.11.22”。

12 月 8 日，中国美术家协会和中国美术家西安分会在北京中国美术馆举办“石鲁书画展览”，李季带着家人前去观看，那天李季对石鲁的画作一幅幅仔细观赏，足足看了三个多小时，他由衷地为老战友高兴。看完展览，李季还给老友写去一封贺信。

12 月 12 日，石英致信李季：“李季同志：来函敬悉，听到您本月内可将散文稿赐下，非常欣喜。望您在不影响健康的条件下，早日惠寄给我们。如果赶不上第一期，肯定在二期是可以排上的，信至勿念。万望您在紧张的工作中尽量照顾自己的身体。即使在我来说，也希望您保持在一定健康水平上，以便有条件写出更多的作品来。我因为办这个刊物，也很少有机会去人文编辑部，但愿将来有机会专门前去拜望求教。有事时请经常来信示知。顺颂　笔健！　石英　79.12.12”。

12月14日，中国作家协会主席团举行第二次会议，选举出第三届理事会理事142名。主席茅盾，第一副主席巴金，副主席丁玲、冯至、冯牧、艾青、刘白羽、沙汀、李季、张光年、陈荒煤、欧阳山、贺敬之、铁衣甫江。组建了书记处，冯牧、李季为常务书记，张僖为秘书长。主席团举行第二次会议讨论并决定成立作家权益保障委员会、创作委员会、青年文学工作委员会、民族文学委员会、理论批评委员会、外国文学委员会，决定由夏衍、丁玲、严文井、刘白羽、铁衣甫江、陈荒煤、冯至分别担任主任委员；讨论通过《文艺报》《人民文学》《诗刊》编委名单。

12月26日，李季发表儿童叙事诗《葡萄的传说》，载于《儿童文学》12月号。

1980年58岁：

1月，李季在北京国际广播电台发表广播讲话："远的说，唐诗、宋词、元曲、明清小说，都是闻名世界的。近代1919年五四运动，为我国新文化运动的发展定了基础。鲁迅、郭沫若等伟大作家，在其中作出了巨大贡献。30年代，茅盾、巴金、曹禺、田汉、夏衍的作品，在人民群众中产生了很大的影响。在延安和广大革命根据地，大批作家到工农兵群众中去创作了不少成功的作品。中华人民共和国成立30年来，我们的社会主义文学艺术经历了伟大而艰巨的历程，取得了成就，积累了正反两方面的丰富经验。1949年在北京召开了第一次文代会，明确了文艺为社会主义革命和社会主义建设服务的目标。1956年，党中央提出'百花齐放、百家争鸣'的方针，对发展社会主义文化艺术具有更大的意义……”①

1月，《叙事诗》丛刊第一期载《读李季的〈报信姑娘〉》，作者王毓。

1月10日，雁翼致信李季：“李季同志，你好，向你拜年。为了让星星光更美些，新开了几个栏目，一是《诗人小传》，二是《诗人随笔》，三是《诗歌欣赏》。因此，写信求你支持，写诗回忆录最好，生活杂感也行。我想出个题目：‘《王贵与李香香》创作情况’。对青年作者和读者，都是很需要的。望在千忙中满足我的要求……握手，雁翼　一月十日”。

1月23日，《以〈王贵与李香香〉成名的诗人》载于香港《明报》，作者夏仁。

1月27日，沙汀致信李季、葛洛。“李季、葛洛同志：一个多星期前，我曾向一位《中国青年报》记者建议，可考虑对近一两月来参加党的老一辈学者专家，进行一些访问，写成报道，加以宣传。今天看见严济慈、华罗庚两位参加党的消息，因为联想到当前部分青年的思想情况，尽管已经快九点了，得休息了，几经犹豫，我还决定给你们写了这封信再说，否则又会失眠。我的意思很简单，切盼你们也考虑组织中青作家对这类令人尊敬的专家学者进行访问，写点文章。敬礼！问候刘剑青同志。沙汀　八〇、一、二十七夜”。

1月29日，石英致信李季：“李季同志：我一直在苦等您的赐稿，甚至都空出版面苦等着，只是为您的身体之故，才不好意思紧着催您。但忍不住还是要给您写信，望您寄一篇来才好。《散文》早一期已经寄上，请您暇时翻翻，毫不客气地批评指正，以利我的改进工作。祝好，健康！石英　80.1.29”。

---

① 本文系李季在中国文学艺术工作者第四次代表大会后的一篇讲话，根据录音整理。

2月，李季短篇小说集《马兰集》由河南人民出版社出版，结集到这本集子里的十篇小说，是作者自1945年7月到1978年9月这二十多年所写。

2月，黑龙江省作协《创作通讯》刊登里百、锋戟的文章《李季对长诗〈历史的主人〉创作意见》。

2月，春节前夕，在北京政协礼堂三楼，李季主持作协迎春茶话会。

2月，李季到机场送俞林出国访问，还嘱咐带些国外的火柴盒回来，李季说：人家集邮，我集火柴盒。

2月7日，李季到上海出差，见巴金，看望已故诗人闻捷的家人。

2月17日，张永枚致信李季：

“您好。春节愉快。我已有了结论，只等最后批复了。结论是：张永枚同志在‘四人帮’极左路线影响下，犯了错误，态度较好，拟免予处分。前提是‘影响下’我没有参与什么阴谋统治活动。如无大的变化，较快就要回部队去了。

“您是我敬重的老同志，在小房子里反省时有一次还想起您哩。过去虽多次接触，由于当时的政治气候，也没敢深谈什么。今从报上知您在京，我很想去看看您，请您给我吹些春风，帮助帮助我艺术生命的‘复兴’。

“我坦然地告诉您，我没害过任何人，也没打过什么‘小报告’，问题主要是出在笔杆子上。我早已恢复党的生活了。

“我的电话已撤了，如您愿见我，便请往中国京剧院给我一柬，我当按时去，并请告地址。

“我还想起五十年代初曾由《人民文学》编辑部及公木、袁水拍二诗人介绍加入过作协，不知是否因我出问题已‘除名’了？嘤其鸣矣，求其友声。致，军礼！张永枚　一九八〇年二月十七日”。

2月20日，李季在《羊城晚报》花地副刊发表叙事诗《荆江铁女》，这是他生前发表的最后一部作品。

2月22日，李季复业余作者徐庆元同志的信：

“徐庆元同志：……我相信你不会知难而退的，我希望你能认真、刻苦地进行学习，花它几年工夫，读一些名著名篇，当然，也要注意阅读一些报刊上新发表的中短篇小说。至于写作练习，我劝你先不要死抱着长篇，应当多练习写些散文、短篇小说，只有具备了写作短篇小说实践经验之后，才有可能掌握写作长篇大部头作品的技巧，此点对你至关重要，望予认真考虑。为了进行写作练习，我甚至劝你为报纸写点新闻通讯，都是很有必要的。我在写作长诗之前，就是从学写新闻通讯入手的，我差不多写了五六年这些东西之后，才开始学习写作短篇小说，而后又经过三四年，才写作长诗的。你的决心和不怕失败的精神，我是佩服的，但你死啃那部长篇不放手的‘傻劲’，我是不赞成的。只有通过大量的写作小型作品的实践，掌握了语言表达能力和文学技巧，才能得心应手地写作大型作品，你说是吗？……李季　1980年2月22日”。

2月28日，张光年日记：“星期四　多云　前几天李季函邀去任丘（华北）油田。为此今天上午给周增勋通电话：初定5月2、3日与刘白羽同去。刘明天出院。”

3月初，天津作家王家斌终于抓住了远涉重洋这一机遇。经天津市委和中国作协将近半年的研究、交涉，交通部终于正式下文件，特批王家斌以海员身份办理国际海员证，并随船出海考察和体验生活。财政部破例（建国以来首次）为王家斌特批了所需外汇。这时，已是1980年的春天。上船前，李季约王家斌谈话，地点是在北京沙滩，中国作协的一间临建活动板房内，此房间是李季和作协秘书长张僖的办公室。进屋时，李季正和张僖在研究开会的事情，他的面前堆满各地来的电报和文件。李季搬了把椅子让王家斌坐在他旁边，高兴地问：“总算是如愿以偿了。什么时候开船呀？”王家斌说具体的船期要等远洋公司的电报。电报一来，24小时内就得到船，因为船不等人。李季问：“你为什么不提前到远洋公司等船呢？”王家斌答：“船在外港，船运的规律也难预料。”“你准备这段时间干什么？”王家斌说正钻研与航海有关的科技资料。“好！”李季兴奋地说，“作为写海的作家，你不仅要读世界的海洋文学名著，你本身还应该是个海的专家！”

李季说：“恰巧最近自己也在思考创作与生活的问题，虽然有些人对生活是创作的源泉这一论点表示怀疑，但作家必须熟悉生活，这恐怕是谁也不能否定的。一个作家如果还不如读者见识多，写出的作品又怎能引起共鸣，并令人心悦诚服？”所以，李季希望王家斌此次远航能有可喜的收获。“等你回来，”李季说，“我将邀请在京的青年作家听你的海外奇谈……”

3月2日，为纪念左翼作家联盟成立五十周年，李季、葛洛向陈荒煤邀稿，给《人民文学》写篇纪念文章。陈荒煤作为左联老战士，欣然命笔，写下了《伟大的历程和片段回忆——纪念“左联”成立五十周年》，在《人民文学》上发表。

3月3日，李季主持召开由外地深入生活回京同志的座谈会。

3月4日，李季被聘请为“世界儿童诗歌比赛”评选委员会委员，他看完征文启事后，迅速地掏出钢笔，在一行按姓氏笔画排列的名字当中，把他的名字勾到了严文井同志之后，认真地说：“别把我排在前边，我一定要在严文井等同志的后边。”停了一下，他又兴奋地说：“参加这个活动是个大好事，为国争光，我同意，有什么困难要我帮忙吗？”

3月5日，李季主持全国短篇小说评选委员会，开了一整天会。

3月7日，李季出席文联和各协会党组扩大会议，听取周扬同志传达中共中央十一届五中全会精神。十一点半，会议结束，在会场的出口处，向刘剑青叮嘱道：“回去快点传达、讨论，下午两点半开会。先把七九年短篇小说获奖篇目定下来，早点交给上海文艺出版社。”下午，两点半，会议准时召开。首先，听取葛洛同志综述评选委员在会上会下对当选篇目的详细意见。经过大家认真讨论，李季进行综合讲话，会议根据李季综合阐发出来的原则精神，又把当选篇目逐个进行了分析、比较、讨论、协商，终于搞出一个最后方案。

3 月 8 日，凌晨约 5 点，天还没有放亮，零星的雪花纷纷扬扬，新源里的家中很冷。李季轻轻起床，洗漱完毕，泡了一杯热茶，披着他下油田常穿的那件棉军大衣，脚下是 20 世纪 50 年代从玉门油矿带回的旧毡靴。《三边在哪里》这篇散文他已经写了好几个早晨了。在这篇散文里，他倾诉着对三边的土地和那里的乡亲们的思念。那几天他总跟家人说：“真想回三边看看呀！”

3 月 8 日，上午，李季在作家协会上班，研究文艺期刊编辑工作会议的问题。还同舒霈及创作联络部的一名同志谈组织作家参观访问、深入生活的设想，他谈到要组织一些作家到农村去看一看，了解党的十一届三中全会后农村的发展变化。近 12 点，他赶回家接待老战友。在他的工作时间表上，当日下午还要去医院探望丁玲同志和《人民文学》邀请来京写作的几位中青年作者。繁重的行政工作影响着李季的健康。当年李季与郭小川的行政工作能力在作协是被公认的，这与他俩早年的经历相关。李季 1939 年担任过八路军总部特务团三营指导员，郭小川 1945 年至 1947 年在新解放区河北丰宁县任县长。

“建国以来，李季不顾对个人创作的影响，以大部分的时间和精力从事文学组织和编辑工作。”（刘白羽）

“很多年来，他主要是担任文艺行政工作，而且逐渐提级，越来越繁重。这对工作来说，自然是需要，是不得已；对文艺来说，总是一个损失。当然，各行各业，都要有领导，并且需要精通业务的人去领导。不过，实践也证明，长期以来，把作家放在行政岗位，常常是得不偿失的。当然，这也只是一种估计。李季同志，是能做行政工作，成绩显著，颇乎众望的。在文艺界，号称郭、李。郭就是郭小川同志。

“据我看来，无论是小川，还是李季同志，他们的领导行政，究竟还是一种诗人的领导，或者说是天才的领导。他们出任领导，并不一定是想，把自己的‘道’或‘志’，布行于天下。只是当别人都推托不愿干时，担负起这个任务来。而诗人气质不好改，有时还是容易感情用事。适时应变的才干，究竟有限。”（孙犁）

中午 12 点李季才回家吃饭。下午还没出门，心脏病猝然复发，多方抢救无效，于 17 时病逝于北京阜外医院。

谱后余编

1980年3月，赵戈的诗作《一束红柳祭李季》载于《甘肃文艺》第5期，该文收录于《泥土和石油的歌者》一书。

1980年3月，曹大澄的文章《梦绕灵牵哭李公》收录于《泥土和石油的歌者》一书。

1980年3月，柯岩的诗作《你是幸福的》载于《人民文学》第4期，该文收录于《泥土和石油的歌者》一书。

1980年3月，晓雪的文章《诗人和园丁》载于《滇池》第3期，该文收录于《泥土和石油的歌者》一书。

1980年3月，戈壁舟、安旗夫妇的诗作《李季啊，你去得太早》载于《红岩》第2期，该文收录于《泥土和石油的歌者》一书。

1980年3月，《社会科学战线》载《论李季的石油诗》，作者张景德、宫苏艺。

1980年3月，《广西师范学院学报》刊登刘焕林的文章《人民诗篇的一座里程碑——浅谈〈王贵与李香香〉》。

1980年3月，曹杰的文章《一条泥土油香的路》载于《群众文化》第3期，该文收录于《泥土和石油的歌者》一书。

1980年3月，严辰创作诗歌《琴台在，知音渺》："谁说道：'酒逢知己千杯少'，我与你，从未碰过杯，何尝非知交！山间清泉泉边青青草。……那时节，长江在你枕边流，日夜听惊涛。一身泥巴，一颗红心，一条短裤，一顶草帽。骄阳晒黑了皮肤，汗水浇绿了禾苗。……三年困难岁月，松花江畔丁香娇，你远道来访，送我精致的《海誓》诗草。怎么接待啊，饭桌上只有一盆豆腐脑，你说山珍海味无法比，粗茶淡饭意兴豪。今年三月八，春已来，寒未消，刚寄出我的诗选集，你还没收到，黄昏里，蓦然传来了噩耗。啊！天无情，天应老！琴台在，知音渺！”载于《诗刊》第5期，该文收录于《泥土和石油的歌者》一书。

1980年3月8日，据张光年日记：“李季逝世，只得提前投入他遗留下来的短篇小说评选工作，为此，补看一批作品，并勉力填补他担任的《人民文学》主编工作。”

1980年3月9日，张光年日记：“星期日　晴　上午罗荪、黎辛来，报告文学界的噩耗——李季同志因心脏病猝发，于昨日下午逝世。不胜悲恸！他们已电告冯牧促归。葛洛来，征询短篇评选名单意见。……李季同志遗留下来的评奖工作，应当力求做好。下午张庚夫妇、吕骥夫妇相继来访，漫谈了当前的抒情歌曲问题。傍晚先后给白羽、默涵通电话，告以我的新居电话。同白羽通话谈及李季时，感到难过，抽泣声相互可闻。”

1980年3月9日，臧克家致信李小为：“小为同志：今早传闻李季同志病逝，我还不信，派孩子到周明同志处探询，始知是实，为之痛哭流涕长久之，立即感觉不适。郑曼前来向你致吊慰之忱，我这几天脉搏经常‘提前收缩’频繁，不能亲来，万望节哀，保重身体。克家　3月9日早”。

1980年3月9日，白桦创作怀念李季的诗作《你还有好多的歌要唱》，后载于《长江文艺》第4期，该文收录于《泥土和石油的歌者》一书。

1980年3月9日，深夜，延泽民创作怀念文章《忠诚的歌手》，后载于《北方文学》第5期，该文收录于《泥土和石油的歌者》一书。

1980年3月10日，严阵创作诗作《汨罗江——哀悼李季及各位逝世的诗友》，该诗收录于《泥土和石油的歌者》一书。

1980年3月10日，骆文创作纪念文章《长江为你哭泣》，后载于《长江文艺》第4期，该文收录于《泥土和石油的歌者》一书。

1980年3月11日，苏金伞致信中国作协并转李季同志家属："忽听李季同志逝世消息，不胜悲悼！李季同志年来多病，我是知道的，在四次文代会期间，数次接触，看来似乎颇有好转，没想到竟如此突然离开人间！李季同志事业心极强，富有组织能力，中国文学事业，正有待于他的协助开展，他的逝世，对于我们，是一个极大的损失。悲痛之余，特驰函悼唁。何时开追悼会，望预先示我为幸！苏金伞　1980.3.11"。

1980年3月11日，王汶石、高彬致信李小为。

1980年3月11日，陈沂致信李小为："小为同志：接来电，十分悲痛，为这个我们党自己的诗人的过早逝世，感到难以补偿的损失。前不久，李季同志来上海，我们曾在静安宾馆谈了好久，谈了好些问题，谈得很好，给我留下难忘的印象，也是永生的记忆。祝你们全家好，并向你们致深深的悼念和慰问之意。有什么需要我办的，请来信，何日开追悼会，也望告知。致、敬礼！陈沂　80年3月11日"。

1980年3月12日，聪聪创作纪念文章《我只见过他四次》，载于《国风》第11期，该文收录于《泥土和石油的歌者》一书。

1980年3月12日，深夜，未央创作诗作《人民又失去文星一颗》，载于作协湖南分会的《作家通讯》第2期，该文收录于《泥土和石油的歌者》一书。

1980年3月13日，王家斌创作文章《祭"船长"——悼念李季同志》，载于《新港》第5期，该文收录于《泥土和石油的歌者》一书。

1980 年 3 月 13 日，陈宗凤创作文章《哭李季》，3 月 22 日载于《甘肃日报》，该文收录于《泥土和石油的歌者》一书。

1980 年 3 月 14 日，中国作协河北分会副主席田涛致信李季同志治丧办公室：“惊闻中国作家协会副主席、著名诗人李季同志病逝，至为哀痛。请代为送花圈，以示悼念。并向李季同志的爱人小为同志慰问。河北文联中国作家协会河北分会副主席田涛　一九八〇年三月十四日”。

1980 年 3 月 14 日，瞿希贤致信李小为：“小为：我选了李季同志五四年写于玉门的一首诗《黑眼睛》谱成男声表演唱。奉上二份。我将寄一份给《歌曲》编辑部，估计他们是会发表的。另外，我将设法和演出团体联系，但是说不准什么时候可以在音乐会上演出，因为这取决于许多我无法决定的因素。在我谱此曲时，李季同志那活跃、风趣、热情的身音笑貌又仿佛呈现在我眼前。让我用音符纪念他。但愿人们将来不仅读和朗诵他的诗，也将‘唱’他那富于艺术魅力的诗！他将永远活在人们心中！紧握！　希贤　80.3.14　又及：希望能得到除《石油诗》一、二集之外的其他遗作。”

瞿希贤谱曲的《黑眼睛》发表在《歌曲》1980 年第 5 期。

1980 年 3 月 14 日，沙汀创作文章《悼李季》，载于《人民文学》第 4 期，该文收录于《泥土和石油的歌者》一书。

1980 年 3 月 14 日，孙犁创作文章《祭亡友》，载于 3 月 20 日《天津日报》，该文收录于《泥土和石油的歌者》一书。

1980 年 3 月 14 日，张光创作文章《李季同志二三事》，载于 3 月 23 日《光明日报》，该文收录于《泥土和石油的歌者》一书。

1980 年 3 月 15 日，萧三致中国作家协会：“惊悉李季同志不幸逝世，无限悲恸！很想去参加追悼会，因怕再患感冒而下不了决心，医生亦劝阻我走八宝山这样的远路。我只得作罢。请代送花圈，并写上‘亲爱的李季同志千古！萧三敬挽’，同时请代我慰问他的夫人李小为同志和儿女，至为感激！有劳各位了，我深致谢意！敬礼！萧三　1980 年 3 月 15”。

1980 年 3 月 15 日，朱光潜致信李季治丧办公室：“得通知，惊闻李季同志不幸逝世，将在八宝山举行追悼会，请代送花圈，并向李季同志家属致慰问之忱，此致、敬礼！朱光潜　1980.3.15 日”。

1980 年 3 月 15 日，姚雪垠致信李季治丧办公室：“李季同志突然去世，不胜惊悼。诗留人往，读者同悲。年华正茂，长才方展，尤为我国文艺战线之重大损失。请费心代办花圈，借申微情，并请向李季同志亲属转慰唁，务劝节哀。此致、敬礼！姚雪垠　一九八〇年三月十五日”。

1980 年 3 月 15 日，深夜，袁鹰创作纪念文章《直到最后一息》，载于《人民文学》第 4 期，该文收录于《泥土和石油的歌者》一书。

1980 年 3 月 16 日，吴象创作文章《战士和诗人》，载于 7 月号《文汇》月刊，收录于《泥土和石油的歌者》一书。

1980 年 3 月 17 日，张光年日记：“星期一　晴　下午阿蕙陪我乘小龚车去东郊李季家看李小为同志。她的三个孩子、闻捷的女儿都在家。同小为谈起李季……”

1980 年 3 月 17 日，张庆田创作文章《天若有情天亦哭》，载于《河北文学》第 5 期，该文收录于《泥土和石油的歌者》一书。

1980 年 3 月 18 日，《人民日报》发表消息：著名诗人、中国作家协会副主席李季同志追悼会在京举行。中国作家协会副主席刘白羽在悼词中说：

“……李季同志是解放区成长起来的优秀诗人，他的长诗《王贵与李香香》是在诗歌领域实践毛主席文艺为工农兵服务方向的第一部杰作，在国内外产生了巨大的影响。全国解放后，李季同志继续深入工农兵火热的斗争生活，同广大群众保持紧密联系，刻苦勤奋创作，写出了《菊花石》《杨高传》《海誓》《难忘的春天》《向昆仑》《石油诗》等影响广泛的长诗和短诗，还发表了短篇小说佳作《马兰》，出版了小说散文集《戈壁旅伴》。粉碎‘四人帮’三年多来，他在文艺组织工作和编辑工作异常繁忙的情况下，仍然坚持业余写作，发表了歌颂石油工人的长篇叙事诗集《石油六歌》，以及《乡音》等散文和短篇小说，并为电影《啊！摇篮》写了歌词。他所以能取得这样的成就，主要是由于他坚持了党的文艺方针，在创作道路上不断进行新的探索。他的作品具有强烈的民族气派、民族风格和优美的民歌形式，为群众所喜闻乐见。

“李季同志始终同人民群众在一起，从人民群众中汲取丰富的营养。早在五十年代，当反映石油战线的文学作品还是个空白点的时候，他就响应党的号召，自告奋勇到玉门油矿深入生活，和‘铁人’结成了最亲密的朋友。六十年代初期，他参加了著名的大庆石油会战。二十多年来，他的足迹几乎踏遍了祖国所有的石油矿区，同石油战线的广大职工共甘苦、同劳动，深受石油工人爱戴，赢得了‘石油诗人’的美誉。

“李季同志既是当代著名诗人，更是出色的文学组织活动家和杰出的编辑。建国以来，他以大部分的时间和精力从事文学组织和编辑工作，自觉地服从党的分配和革命文艺事业的需要，不顾对个人创作的影响，一心扑在文学组织工作上，为党的文学事业作出了卓越的贡献。多年来，他积极参加中外文学交流活动，为发展中外作家之间的广泛联系做了大量工作。他热诚关心全国专业、业余作家的创作和生活，千方百计地为他们创造写作环境和条件，广泛团结老中青作家，伸张正义、无所畏惧地为他们说话。特别是在培养文学新人这一方面，他是出血出汗的，由他主编的刊物，向文学战线输送了一大批新的作家和诗人。‘四人帮’粉碎后，他又积极推动恢复作协的文学讲习所。这充分显示他作为一个文学组织活动家的品质和才能。诗人李季从小就喜爱和擅长小说和散文的创作，早在一九四三年，就在延安《解放日报》上发表过《卜掌村演义》等小说。从一九四六年，他就开始构思一部长篇小说，并为此做了大量的准备工作，但由于他把主要精力用于文学组织工作，这一强烈愿望终于未能实现。他入城初期就患有心脏病，多年来凭着旺盛的革命意志，忘我地带病工作。在林彪、'四人帮'的迫害下，得不到正常治疗，病情日益恶化，多次出现过危急状况。但他不顾医生劝阻，争分夺秒坚持工作，当他受疾病折磨几乎无法忍受的时候，仍然用颤抖的手写下'口含"消心痛"，挥笔画油龙；但求心竭日，油龙腾太空'的诗句，来激励自己的斗志。……"

1980 年 3 月 18 日，雁翼创作纪念文章《哀忆无了期》，载于《星星》4 月号，该文收录于《泥土和石油的歌者》一书。

1980 年 3 月 18 日，严慰冰致信李小为："小为同志：您好！惊悉李季同志不幸病逝，陆定一同志与我都十分难过。定一同志开五中全会时由于过累，加上受凉，又病倒了，医生诊断是'心衰'，住北京医院已半月。明日李季同志的追悼会，他不能参加了，特向您致歉。我要参加这追悼会，为诗人致哀，请节哀自珍。专此匆上，敬祝健康　严慰冰上　1980.3.18"。

1980 年 3 月 19 日，张光年日记："星期三　阴　……今天下午举行李季追悼会。党组几位同志不同意我去，我便没有坚持。在《人民日报》上看到杜宣《雨夜悼李季》一文。我也想写点，拿起纸笔来试试，脑子还不行，只得作罢。"

1980 年 3 月 19 日，贺敬之创作文章《你永远和我们同在》，3 月 20 日载于《人民日报》，该文收录于《泥土和石油的歌者》一书。

1980 年 3 月 19 日，田间创作诗作《诗魂人间飞遍》，载于《河北文艺》第 5 期，该文收录于《泥土和石油的歌者》一书。

1980 年 3 月 20 日，阮章竞的诗作《哭李季同志》载于《人民日报》，该文收录于《泥土和石油的歌者》一书。

1980年3月20日，李季遗作、诗歌《自勉诗》，载于《人民日报》。

1980年3月20日，《人民日报》刊登了新华社北京三月十九日电：著名诗人、中国作家协会副主席李季同志追悼会在京举行。

1980年3月21日，洪流的文章《作家挚友》载于《作品》第5期，该文收录于《泥土和石油的歌者》一书。

1980年3月21日，邹荻帆的诗作《你仍在油田上》载于《北京晚报》，该文收录于《泥土和石油的歌者》一书。

1980年3月22日，《甘肃日报》刊登陈宗凤的文章《哭李季》。

1980年3月23日，公木创作诗作《潇潇的雨》："贯耳惊雷报噩耗／敲窗冷雨夜潇潇／笑声琅琅犹如昨／幽室沉沉不复朝／延水悲深翻泪浪／燕云愁绝降寒潮／人间正是高歌日／一代诗星相继凋"。载于《光明日报》，该文收录于《泥土和石油的歌者》一书。

1980年3月23日，张光的文章《忆李季同志二三事》，载于《光明日报》。张光，资深报人，《陕西日报》原总编辑、陕西省记协名誉主席。张光是李季1948年在位于绥德的《边区群众报》的同事。张光及夫人刘力贞（刘志丹的女儿）与李季夫人李小为1946年曾同在延安大学读书。

1980年3月24日，袁烙的文章《悼李季》载于《西安日报》。袁烙，系李季在陕北三边的老战友，世界语专家。《西安日报》原总编辑。

1980年3月24日，黎之的文章《大兵的本色》载于《羊城晚报》，该文收录于《泥土和石油的歌者》一书。

1980年3月26日，李季女儿甜甜诗作《爸爸静静地睡去》载于《诗刊》第5期，该文收录于《泥土和石油的歌者》一书。

1980年3月26日，丁宁纪念文章《人有尽时曲未终》，载于5月号《诗刊》，该文收录于《泥土和石油的歌者》一书。

1980年3月27日，杨子敏纪念文章《思想·感情·品格》，载于

《北京文艺》第5期，该文收录于《泥土和石油的歌者》一书。

1980年3月29日，牛雅杰的文章《希望总在青年一代》载于《河南日报》，该文收录于《泥土和石油的歌者》一书。

1980年3月30日，冰心创作纪念李季的文章《不应该早走的人》，载于4月2日的《北京晚报》，该文收录于《泥土和石油的歌者》一书。

1980年3月30日，刘白羽创作纪念文章《泥土气息与石油芳香》，载于《文艺报》第5期，该文收录于《泥土和石油的歌者》一书。

1980年3月30日，朱红兵的诗作《踏着你的足迹》载于《宁夏日报》，该文收录于《泥土和石油的歌者》一书。

1980年3月31日，于黑丁致信李小为。

1980年4月，《诗刊》第4期刊登柯岩的诗作《哭李季》（三首）。

1980年4月，高缨的文章《延安风骨》载于《星星》第4期，该文收录于《泥土和石油的歌者》一书。

1980年4月，骆文的文章《长江在为你哭泣》载于《长江文艺》4月号。

1980年4月，《新疆文学》第4期刊登邱零的文章《悼李季同志》。

1980年4月，《长江文艺》刊登白桦的诗《哭李季》："你怎么会就去了呢？李季！春节前夕我们不是还在一起吗！几个家乡人举杯回忆着家乡，那块苦难深重、人才辈出的土地。你怎么会就走了呢？李季！你任何时候都像刚刚来自豫西！你走遍天下而乡音未改，像一只才从桐柏山里飞来的黄鹂。你怎么会就没了呢？李季！你的歌声还在振荡着早春的空气；在陕北你歌颂王贵和李香香，在新疆你歌唱克拉玛依。你怎么会就死了呢？李季！噩梦已经吞没了咱们的黄金时期！在你的中年和我的青年时代，有多少歌都被掐死在喉管里！……"

1980年4月，王谷林的文章《青松不老》载于《新疆文学》第4期，该文收录于《泥土和石油的歌者》一书。

1980年4月，王以平的文章《春天里的哀思》载于《湘江文艺》第4期，该文收录于《泥土和石油的歌者》一书。

1980年4月，刘剑青的文章《最后的闪光》载于《散文》第4期，该文收录于《泥土和石油的歌者》一书。

1980年4月，《星星》刊登高缨的文章《延安风骨》。

1980年4月，《跌宕起伏　曲折有致——谈〈王贵与李香香〉的情节构思》载于《语文教学通讯》，作者刘宗德。

1980年4月，《红岩》第2期刊登戈壁舟、安旗夫妇的文章《悼李季》。

1980年4月，里百、锋戟的文章《献上我心中的花环》载于中国作家协会黑龙江分会《作家通讯》第2期，该文收录于《泥土和石油的歌者》一书。

1980年4月1日，《江西教育学院学报》刊登卢子的文章《难忘的战斗岁月、不朽的历史篇章——李季同志诗〈难忘的春天〉浅析》。

1980年4月5日，《石油工人报》刊登陈周文的文章《李季关怀玉门人》，还有定胜的文章《李季与玉门》。

1980年4月5日，丹琳的文章《热心育才的文学前辈》载于《中国青年报》，该文收录于《泥土和石油的歌者》一书。

1980年4月6日，《宁夏日报》刊登姚勤镇的文章《三边人民的怀念》。

1980年4月8日，黄子瑞创作文章《诗坛奇葩》，载于《南阳文艺》第2期，该文收录于《泥土和石油的歌者》一书。

1980年4月9日，《长庆油田战报》刊登姜学勇的文章《石油工人的思念》，同时还有杨合厚的文章《忆李季》。

1980年4月，李季的小学老师宇森创作纪念文章《大地之子》，载于《南阳文艺》第2期，该文收录于《泥土和石油的歌者》一书。

1980年4月13日，黎辛的文章《他活在我们中间》载于《羊城晚报》，该文收录于《泥土和石油的歌者》一书。

1980年4月17日，《文学书窗》刊登了建国的文章《悼李季同志》。

1980年4月21日，李季侄女李秀棠的文章《思念》载于《长江日报》，该文收录于《泥土和石油的歌者》一书。

1980年4月25日，李季未完成的散文遗作《三边在哪里》载于《散文》第4期。

1980年4月26日，石油部李季的几位老友用尤涛这个署名撰写文章《石油诗人》，载于《华北石油报》，该文收录于《泥土和石油的歌者》一书。

1980年4月30日，《人民文学》第4期刊登沙汀的文章《痛悼李季同志》、袁鹰的文章《直到最后一息——哭李季》。

1980年5月，李季的女儿甜甜的文章《悼念爸爸——李季》载于《诗刊》第5期。

1980年5月，李若冰的文章《铝盔与诗魂》载于《延河》第8期，该文收录于《泥土和石油的歌者》一书。

1980年5月，《奔流》第5期刊登齐鸣的文章《悼李季同志》。

1980年5月，《作品》第5期刊登洪流的文章《哭李季》。

1980年5月，王建国的文章《不朽的功勋》、赵戈的纪念文章《一束红柳祭李季》载于《甘肃文艺》第5期，两篇文章收录于《泥土和石油的歌者》一书。

1980年5月，杨子敏的文章《说给自己的话》载于《诗刊》《北京文艺》第5期，该文收录于《泥土和石油的歌者》一书。

1980年5月，徐刚的文章《庚申春悼》载于《甘肃文艺》第5期，该文收录于《泥土和石油的歌者》一书。

1980年5月，曹杰、杨文林等的文章《陇上的怀念》载于《甘肃文艺》第5期，该文收录于《泥土和石油的歌者》一书。

1980年5月，王谷林的文章《诗人李季永在》载于《新疆文学》

第 5 期。

1980 年 5 月 4 日，沈毅的文章《记忆的火花》载于《湖北日报》，该文收录于《泥土和石油的歌者》一书。

1980 年 5 月 11 日，《北京日报》刊登李向晨的文章《李季学民歌》。

1980 年 5 月 13 日，张光的文章《由李季想到闻捷》载于《西安日报》。

1980 年 5 月 18 日，铁衣甫江的文章《贴心的战友》载于《新疆日报》，该文收录于《泥土和石油的歌者》一书。

1980 年 5 月 28 日，瞿希贤致信李小为："小为同志：你好！自追悼会上见面后一直很惦念，不知你身体如何，望保重。为纪念李季同志而写的歌曲《黑眼睛》已于《歌曲》第 5 期发表，现寄上两份，结尾有个'注'说明，'此曲为纪念著名诗人李季同志（1922—1980）而作'。请留作纪念。我想让你告诉我，闻捷的女儿是否叫赵咏梅，她的通讯处是否上海文学出版社？最近出了一本我的儿童歌曲集，其中有闻捷的两首词，我想寄一份给她，请复信告知为盼。握手！问候你们全家。瞿希贤　5.28"。

1980 年 5 月 30 日，《诗刊》刊登了严辰的文章《悼李季》。

1980 年 6 月，杨世铎的文章《难忘诗人一片情——记李季同志一件事》载于《奔流》第 6 期，该文收录于《泥土和石油的歌者》一书。

1980 年 6 月，任彦芳的诗作《石油和诗》载于《奔流》第 6 期，该文收录于《泥土和石油的歌者》一书。

1980 年 6 月，《西湖》第 6 期刊登李德润的文章《人有尽时曲未终》。

1980 年 6 月 3 日，阙长山的文章《李季向我们走来》载于《常州日报》，该文收录于《泥土和石油的歌者》一书。

1980 年 6 月 3 日，刘剑青致信李小为："小为同志：几次打电话给你，没人接，忍不住提笔向你祝贺，《一支没有唱完的歌》是篇相当不错的散文，朴素自然，情真意切，情景交融，婉约有致，读后令人感动、遐想……我们决定在《人民文学》七月号上发表，请释念！真没有想到，你有写作散文的气质和才华，为什么平常不动笔？你要拿起笔来，一篇篇写下去，可考虑，写本《李季回忆录》，让甜甜、江夏他们帮助你收集材料，回忆，把怀念化为从事文学的动力，你是能够做出新的贡献的。丁宁同志从写'追悼文学'开始，现在成了散文一家，她能够做到的事，你也一定能够做到的！在家养病，也是构思写作的机会，当然不能影响自己的健康。致，礼！刘剑青　6月3日”。

1980年6月9日，雷达的文章《泥土和石油的歌者》载于《新文学史料》第3期，该文收录于《泥土和石油的歌者》一书。

1980年6月25日，李季的小学老师黄子瑞致信李小为：“小为同志：你好，我今天下午就要回河南了，谨致函告辞。上次和德俊到你那里，本应多停一时，多谈些话，今天走，也应该再到你那里面辞，再谈些话，可是恐怕一谈起李季同志，都会不胜伤悲。因此，回避了，再次来北京了，再见再谈吧。人是有感情的，而感情又不容易以人力控制。总想着还有好些话需要给李季同志说，这就写了个《遥寄》，兹抄录随函寄上，请放在李季同志相片下边，让他看过，然后你放于书堆中。祝你健康。祝全家好。致　敬礼　黄子瑞　1980.6.25晨”。

1980年6月29日，《社会科学战线》刊登张景德、宫苏艺的文章《论李季的石油诗》。

1980年7月，《青年作家》第7期刊登萧向阳的文章《李季和菊花石》。

1980年7月，马烽的文章《深沉的回忆》载于《汾水》第7期，该文收录于《泥土和石油的歌者》一书。据马烽之子回忆：马烽本不喜欢诗歌这种形式，但在延安读了《王贵与李香香》却陷入了深深的感动。

1980 年 7 月，李小为的文章《一支没有唱完的歌》载于《人民文学》7 月号。

1980 年 7 月，光群的文章《中流砥柱》载于《芳草》第 7 期，该文收录于《泥土和石油的歌者》一书。

1980 年 7 月，李德润的文章《遗篇留待千年唱》载于《奔流》第 7 期，该文收录于《泥土和石油的歌者》一书。

1980 年 7 月，《甘肃青年》第 7 期刊登祁渠的文章《诗人李季》。

1980 年 7 月 27 日，茅盾在《小说选刊》发刊词中写道："……披沙拣金，功归无名英雄；名标金榜，尽是后起之秀。李季同志不幸早逝，同人等兢兢业业，继承遗规，亦盼海内外千万读者时赐教益，群众与专家结合，庶几此一新的事业日有发展，为我国之四化大业，尽其绵薄，愿与海内外同人共勉之。"

1980 年 7 月 29 日，《诗刊》刊登严阵的文章《汨罗江——哀悼李季及各位逝世的诗友》。

1980 年 8 月，邢菁子的文章《寄希望于新人》载于《散文》第 8 期，该文收录于《泥土和石油的歌者》一书。

1980 年 8 月，《延河》第 8 期刊登李若冰的文章《铝盔和诗魂》。

1980 年 8 月，吴芝兰的文章《悲痛的时刻》载于《朔方》第 8 期，该文收录于《泥土和石油的歌者》一书。

1980 年 8 月，萧三的诗歌《哭李季和郭小川》："'就是在心脏停止跳动时，也将是人有尽时曲未终。'李季老弟这两句有似遗言的诗，说出了他短暂的、光荣的一生；说出了他生活在人民群众之中，和他们同甘苦，共忧乐，和他们一道愉快地劳动……"载于《诗刊》第 11 期，该文收录于《泥土和石油的歌者》一书。

1980 年 8 月 2 日，华君武致信李小为："小为同志：谢谢你寄给我李季同志的诗集。李季同志逝世后，本想去看你，但是想到他在世时的房间和你们的心情，我也不想去了，请你原谅。孩子们都好吧。如果有什么事需要我办的，请告诉我，我家的电话是 863669，保重身体。华君武　8 月 2 日”。

1980 年 8 月 6 日，张志民致信李小为：“小为同志：你好。怀念李季同志的文章已于《天津日报》的‘文艺周刊’发表，这个周刊是由孙犁同志创办的，从 1949 年到现在已出一千多期，孙犁同志仍一直关怀它，现在的负责人是李牧歌同志，来自解放区的年近六十岁的一位老大姐，他们愿意发表此文，并来信说，读到这篇文章，她落了泪。祝你好。张志民　八月六日”。

1980 年 8 月 7 日下午，日中友好协会会长、日本著名作家井上靖访问中国，去八宝山祭奠。临时灵堂设在一处平房，靠窗处摆了两张铺着雪白桌布的桌子，上面摆着骨灰盒、遗像和鲜花。井上靖先生一行给老舍、李季献花后，双手合十，默哀鞠躬。井上靖先生说：“李季先生是在 1961 年参加巴金先生为团长的中国作家代表团到日本访问时认识的，因为我也写诗，所以交谈较多。后来到中国访问，我们也多次见面。他就像一团火，熊熊燃烧，热烈而真诚，没想到英年早逝，令人惋惜。”

1980 年 8 月 21 日，萧三给李小为的信：“亲爱的李小为同志：李季同志去世！我在医院里听到这个不幸的消息，悲恸欲绝！好久以来，就想去看你和慰问你和你们的孩子，都因身体不大好而未果。这几天比较稳定一点，也只能写成几句诗和给你去一封信。等健康有进步时，我一定去看望你。盼望你自己节哀，保重身体！你们的老朋友萧三　一九八〇年八月二十一日”。

1980 年 8 月 31 日，于黑丁致信李小为：“……李季离开我们时，我没有在家，是在离城市较远的地方开省委扩大会议。我收到电话，立即叫机关发一哀悼电。我在会议中间又给你写了一封信，托会上发出，是寄到作协的，但是一直没有见你回信。我那几天几乎夜夜失眠，老是做梦，我总认为李季没有离开我们！拿起笔一个字也写不下去，太意外了，太叫我难以相信了，我难过得真不知道怎么好！我不能请假来北京，很想让吴萍来，可是作协通知我们，外地同志不要来北京。你身体如何？腿好了吗？过几天我一定来看你。问孩子们好。敬礼！于黑丁　8 月 31 日”。

1980 年 9 月 7 日，梁音评论文章《李季的〈荆江铁女〉》载于《文汇月刊》。

1980 年 10 月，上海兴业幻灯制片厂制作幻灯片《王贵与李香香》四十二张。

1980 年 10 月 17 日，苏金伞致信李小为。

1980 年 10 月 18 日，于黑丁致信黎辛、李小为。

1980 年 11 月，田涛的文章《印在我的心上》载于《河北文艺》第 11 期，该文收录于《泥土和石油的歌者》一书。

1980 年 11 月 15 日，《再从〈王贵与李香香〉谈起》载于《羊城晚报》，作者解清。解清即 1946 年 9 月《解放日报》发表《王贵与李香香》时的副刊编辑黎辛。

1980 年 12 月 24 日，萧三给李小为的信：“李小为同志：我祝贺你和孩子们 1981 年新年之喜，祝你身体健康。萧三　80.12.24”。

1980 年，《高校教育管理》刊登周江的论文《〈王贵与李香香〉（第二部）浅析》。

1981 年 1 月，《长江文艺》刊登李季夫人李小为的文章《根深才能叶茂》。

1981 年 1 月，匡启镛的评论文章《浅谈李季诗歌创作的特色》载于《扬州师院学报》第 1 期。

1981 年 2 月，《榕树文学丛刊》（散文专辑）刊登李玲修的文章《你照亮了别人，熄灭了自己》，该文收录于《泥土和石油的歌者》一书。

1981年2月，徐志宏的文章《放歌柴达木》载于《青海湖》第2期，该文收录于《泥土和石油的歌者》一书。

1981年2月，柯岩致信李小为："小为：我从外地回来，一直忙开会、学习，没能来看你。托人买了两本《徐悲鸿一生》，一本是给你的，这本书评价很高，我想你写《李季传》绝不会比它差，因为有感情，李季又是那样有性格的好同志。我月底前要去四川开会，回来再来看你吧！老贺一直在涿县开会，昨日凌晨去南斯拉夫了，他嘱我问你好，月饼四包，听说快过节了。你的小柯"。

1981年2月18日，杨拯民致信李小为："小为同志：我的账欠得太久了。现在草草奉上作为草稿请你斧正。事务缠身不能坐下来，从这点上说实在对不起李季同志。杨拯民二月十八日"。

1981年3月，《〈王贵与李香香〉（节选）的更动》载于《语文战线》，作者刘一新。

1981年3月8日，李小为的文章《眺望与探索》载于《光明日报》。

1981年3月8日，萧三致李小为："恭贺'三八'！祝福你和女孩健康、愉快、一切顺利！萧三　1981.3.8"。

1981年3月9日，杨拯民的文章《永恒的怀念》载于《工人日报》，该文收录于《泥土和石油的歌者》一书。

1981年3月10日，李季的侄子李寅棠的文章《团聚》，载于《郑州晚报》，该文收录于《泥土和石油的歌者》一书。

1981年4月，《新文学史料》第4期刊登"文革"中李季写的材料《我的写作经历》。

1981年4月，李小为的文章《"小魔鬼"与〈四川姑娘〉》载于《飞天》第4期。

1981年4月17日，时任甘肃省委宣传部部长的吴坚致信李小为："小为同志：书和信均收到了，谢谢你，见书如见人。李季同志的逝世，在我的脑子里总感到不是事实，我没有真正承认他已离人世了！甚连个老人的概念都不是的。当我每每反应到他已离开我们时，苦楚是难以言状的……我们青年时代的伙伴又少了一个。北京大概是人民文学出版社吧，来人代你告诉我，要我谈谈李季同志在三边的情况，我已和他谈谈，近日刘传坤同志带来你的信，我也如你所说给他谈了谈，他会写信给你的。邸金俊同志夫妇的工作问题，正在解决中，总是可以安排的，请你放心……吴坚　4.17”。

1981 年 5 月，罗学一的文章《悼念诗人李季》载于《长江文艺》第 5 期。

1981 年 5 月，舒霈的文章《永远面向新的生活——李季剪影》载于《飞天》第 5 期。

1981 年 5 月 19 日，《西安晚报》刊登刘建勋的文章《李季和〈王贵与李香香〉》。

1981 年 7 月，吴象的文章《党的战士和诗人——李季》载于《文汇月刊》第 7 期。

1981 年 7 月，《奔流》第七期发表了李季的叙事诗《新烈女传》。

1981 年 7 月 2 日，贺敬之致信李小为：“小为：序言写出来了，送上请审阅。拖了时间，一是因为紧张，再是因为一想到老李就不能平静，总是茫然若失，久久不能下笔。你比我好，你很坚强，很能控制自己。你不愧是老李的好战友。把修改意见叫孩子们告我。如急需送上海排印，看清样时再改。夏安。敬之　1981 年 7 月 2 日”。

1981 年 7 月 23 日，彦涵致信李小为：“小为同志：您好！我于六月底因公去南方数省跑了一趟，近日内刚刚回到北京，所以见到您的来信，为时已过多日了。关于李季同志全集中插图问题，我很同意上海文艺出版社的意见，而且我在画成两幅插图以后，只曾在骆炎同志面前议论过，作为作家的全集出版，一般都不附印插图为宜。至于稿酬一事，其实可以不必过于讲究，你也太客气了。李季同志和我们在太行山上就是要好的老战友，我感到欣慰的是能够在 60 年代，为他的光辉诗篇《王贵与李香香》刻出一套插图，这不仅能在他的作品中附印出来，我也将在今后出版的自己版画集中选刊这部分作品。并以此作为对他的怀念和友谊的象征。彦涵。 1981.7.23”。

1981年9月2日，贺敬之致信李小为：“小为：我同小柯从北戴河回来了，她的病情不仅不见好转，反而更不好了一些。现在联系再次住院。她仍然叫我告诉你不要挂念，不要跑来看她，她一定会努力和疾病做斗争的。你也是个病人，多为她费心费力的话，反而会使她更不安的。文集序言我和钟洛同志研究后，又略有更动，已向《人民日报》投稿了。清样送你再看一下，如认为可以，请转上海文艺出版社。 敬之 1981年9月2日”。

1981年10月14日，《人民日报》刊登贺敬之的《李季文集·序》：“……他的久经传颂的杰出的长篇叙事诗《王贵与李香香》标志着我国新诗发展史上的一个重要的新阶段……全国解放以后，他陆续写出的《生活之歌》《报信姑娘》《菊花石》《向昆仑》等长篇叙事诗、大量的抒情诗以及其他形式的许多作品，充分说明了他是自一九四二年到他去世前，在这近四十年中的各个历史时期都做出了贡献……”

1981年10月31日，邹荻帆致信李小为：“小为同志：文联出版社拟选一本诗选集，我们找了找李季同志的诗，但都是八〇年前出版的，听说上海曾出有李季同志新选集，想借用一下，因为所选的都是要粉碎‘四人帮’以后的诗…… 邹荻帆 十月三十一”。

1981年12月，《萌芽》第12期刊登李小为的文章《最初的孕育》。

1982年1月，白危的文章《哀中琐忆》载于《艺丛》第1期，该文收录于《泥土和石油的歌者》一书。

1982年1月，《广西师院学报》刊登小全的评论文章《长诗〈王贵与李香香〉的艺术特色》。

1982年2月，《收获》第2期刊登李小为的文章《李季创作〈王贵与李香香〉前后》。

1982年2月，《诗探索》第2期刊登雷业洪的文章《勇开先河——试谈李季石油诗的创新问题》。

1982年2月，人民美术出版社出版《王贵与李香香》，周令钊插图。

1982年2月，榆林文联《塞上柳》刊登李德忠的文章《忆诗人李季同志》。

1982年2月11日，《文学报》刊登李小为的文章《由〈马兰〉所想到的》。

1982年3月，《奔流》载《值得重视的诗篇——读李季的〈新烈女传〉》，作者张器友。

1982年3月25日，萧三给李小为的信："小为同志：信悉。遍找旧日书信，只发现一封，李季同志和你出名，但是李季同志亲自写给我的一封颇长而热情的信。年、月、日都详，现托高陶同志带回去交给你，我想这是很有用的，不是吗？听说你身体好些了，孩子们也都好，甚为欣慰。我患哮喘病很厉害，一举一动都喘，只好少动多休息。毕竟八十五岁的人，什么毛病都难免。但我乐观，心情舒畅，这是可以告慰于你的。祝福你健康！萧三　1982.3.25"。

1982年4月，李小为的文章《甘为他人作嫁衣》载于《人物》第4期。

1982年4月，谢明清的文章《李季与降边嘉措》载于《民族文学》第4期，该文收录于《泥土和石油的歌者》一书。

1982年4月，刘山的文章《三边啊，在诗人心里——怀念李季同志》载于《长江文艺》4月号。刘山，系李季《三边报》的同事，在宁夏回族自治区多年从事广播、宣传工作，曾任宁夏回族自治区广播事业局副局长，著《转战在新闻战线》等。

1982年4月，《山野马莲，根壮花鲜——论李季诗歌的艺术风格》

载于《新文学论丛》第4期，作者任愫。

1982年6月30日，《文学评论》刊登孙绍振的评论文章《李季的艺术道路》。

1982年7月，《花城译作》刊登均英的文章《〈王贵与李香香〉在罗马尼亚》。

1982年9月9日，菡子致信李小为："小为：我刚从东北回来，又要去山东。这以后可能再来看你了，但是总时常惦着你。给你带了一支小鹿茸，入冬前就切成片（先洗一下，用火烧了外面的毛）泡在酒瓶里，一支大约可泡三瓶，吃一个冬天。这样可能会对你的腰腿有些好处。以后来再去看你。 菡子 9月9日"。

1982年11月14日，萧三致信李小为："李小为同志，亲爱的同志！上两个星期承你访问了我，我这多日子记得你，你寄赠我几盒点心后，我恍惚记得甜甜的，记得你和李季同志一块来走了，也一块在北海路边走过的。我真心记得他和你在一块儿，我读了他这么多的诗，真想不到。我什么时候写过他这样多的诗！你现在记存下来，真不容易，我记得你，非常非常好。找出版人做了这件事！我还要仔细地细读他的。我现在脑子坏，还不能过细读他的作品，但我一篇一篇读完他，记得他非常好的，一定。你现在还存过他的谈论、谈话吗？每天还做些什么工作？祝福你和孩子们好！ 萧三 1982.11.14"。

1982年11月30日，《湖北日报》刊登了陈汝定的文章《难忘的书简》一文，表达作者对李季去世的沉痛哀思和悼念。

1982年12月，李江夏创作文章《做爸爸那样的人》，该文收录于《泥土和石油的歌者》一书。

1983年1月，《海燕》刊登草云的评论文章《创作起步莫畏难——从李季的一段写作经历说起》。

1983年1月18日，《黄石师范学院学报》刊登朱本文的文章《试论李季和闻捷抒情诗的艺术风格》。

1983年2月，周明的文章《绵绵思绪》载于《柳泉》第2期，该文收录于《泥土和石油的歌者》一书。

1983年2月，张永江的评论文章《在探索中前进——论李季和他的诗》载于《莽原》第2期。

1983年3月，李江树作纪念文章《在一个没有星星的夜晚》，该文收录于《泥土和石油的歌者》一书。

1983年3月，《长春》刊登关沫南的文章《和诗人李季在大庆》。

1983年3月3日，《文学报》刊登涂光群的文章《忠诚党的文学事业的编辑——纪念李季同志逝世三周年》。

1983年3月5日，袁鹰的文章《云雾茶》是为怀念诗人李季所作，文章首尾相合，结构严密，又脉络清晰。在叙事怀人的同时，还从普通的生活现象引发出一个道理，并间接地批评了当时文化单位用人上的异常现象。这篇散文意味深长而语言平白如话，一改袁文从前的绮丽风格。文章载于《光明日报》，该文收录于《泥土和石油的歌者》一书。

1983年3月12日，《光明日报》发表文章《友谊——回忆太行山一段文学因缘》，李季口述、李小为整理。

1983年6月12日，张志民致信李小为："小为同志你好，文章赶出来了，不妥的地方，请你顺便改一下当然好。为赶时间，叫我的孩子张旗给你送去。尚有地方发一下当然好，等联系一下吧。你们的电话是否有变化，我打了几次443262，一直也未打通，若改了号码，请告诉我。祝你好！注意身体，不要过累！　张志民　六月十二日"。

1983年8月4日，《天津日报》刊登诗人张志民的文章《故人入我梦》，该文收录于《泥土和石油的歌者》一书。

1983年9月，武乡秧歌剧《王贵与李香香》在山西省广播电视台录制播出。

1983 年 9 月 22 日，康世恩致信李小为：“小为同志，收到你送我的《李季文集》十分高兴，谢谢！李季同志是一位著名诗人，也是我们石油工业战线的一员，多年来一直同广大石油职工并肩战斗。他用丰富的诗篇，热情歌颂石油工业蓬勃发展的壮丽图景和英雄辈出的石油职工，石油工业为人民做出的贡献，也有李季同志的一份，我们是永远不会忘记的。你克服了许多困难，为完成李季同志的遗业做了大量的工作，大家都很佩服你的精神，有什么需要做的事可以告诉石油部，望注意身体。此致，敬礼！　康世恩　1983 年 9 月 22 日”。

1983 年 12 月 31 日，《淮阴师专学报》刊登魏家骏的文章《踏上〈讲话〉指引的文学大道——李季在陕北》。

1984 年 1 月，《长江》第 1 期刊登袁鹰的文章《你依然在我们中间》。

1984 年 2 月，《安徽大学学报》（社科版）刊登张器友的文章《论李季在三边——延安时期的创作》。

1984 年 3 月 1 日，《文学报》刊登江波的文章《楼上的脚步声》。

1984 年 6 月 18 日，林默涵为《李季作品评论集》作序，时代文艺出版社出版。

1984 年 6 月 23 日，《长江日报》刊登刘岱的文章《大江的怀念——怀念〈长江文艺〉创始人李季同志》。

1984 年 7 月 11 日，《人民日报》第 8 版刊登林默涵的文章《永不满足的诗人》。

1984 年 9 月，《北京文史资料》第 22 辑刊登林绍纲的文章《小忆李季》。

1984 年 12 月，《为创作人民大众喜闻乐见的文艺作品而奋斗终生——写在〈李季文集〉的最后》，作者黎辛，载于《红旗》第 12 期。

1985年，著名世界语翻译家李士俊将李季的《王贵与李香香》翻译成世界语。李季的太行山时期的老战友许善述为世界语版《王贵与李香香》写前言，世界语出版社1985年出版。

1985年，李季叙事长诗《李贡来了》被改编成越剧《春到草原》，由宁波唱片公司灌制了毕春芳、周雅琴演唱的该剧唱片。

1985年4月，《四川大学学报》刊登杨希之的文章《中国叙事诗发展的里程碑》。

1985年8月24日，阮章竞致信吴江时谈到："李小为同志是已故诗人李季同志的爱人，为写作李季的传记，北方局党校那段生活是十分重要的，可惜，当时在党校工作的同志，我认识的不是牺牲，就是已故去，或在京寻觅，只有现在杨献珍同志尚在，了解当时的工作人员，小为同志不认识也不知道如何能与杨等见面。故想通过你，使她能见到杨等，万望帮助。李季对中国革命诗歌，有巨大贡献，他的传记，对后人是有教育意义的，便于理解，故此介绍她去见你，指出条见到杨的路。有空进城，请光临寒舍一叙。祝，大安！　阮章竞　八月二十四日"。

1986年2月14日，《南阳日报》刊登袁珲的文章《李季巧斗劣乡长》。

1986年3月，肖文改编，赵国经、王美芳绘，中国连环画出版社出版《王贵与李香香》。

1986年3月3日，《人民日报》第7版刊登贺敬之的文章《"顺天游不断头"——为李季编〈顺天游〉出版而作》。

1986年，《开封教育学院学报》刊登刘彦钊的论文《充满泥土芳香的优秀诗篇——读李季的〈王贵与李香香〉》。

1986年，《红河学院学报》刊登万荣书的论文《浅谈〈王贵与李香香〉的抒情特征》。

1986年10月1日，《华东石油学院学报》刊登张洪波的文章《石油诗及其诗人》。

1986 年 12 月 1 日，《人民日报》刊登时任陕西省委书记白纪年的文章《繁荣文艺创作的重要措施》，在讲到作家深入生活时，白纪年说:“我和李季一起在基层工作过。李季不深入生活就创作不出《王贵与李香香》。”

1987 年 1 月 19 日，《诗刊》社举行创刊三十周年招待会，会议深切怀念已经逝世的第二任主编李季同志。

1987 年 7 月 2 日，《开封教育学院学报》刊登刘彦钊的文章《李季传略》。

1987 年，李季夫人李小为从文化部干部司离休。

1987 年 11 月，《飞天》第 11 期刊登姜克温的文章《穿老羊皮袄的诗人》。

1988 年 6 月，《中国民兵》第 6 期刊登尚汉波的文章《李季故乡赛诗热》。

1989 年 1 月，《中国档案》报道：中国作协发现一批著名作家手稿，其中有老舍的《宝船》、赵树理的《套不住的手》、杨朔的《茶花赋》、丰子恺的《上天都》、李季的《马兰》、吴伯箫的《记一辆纺车》、李准的《李双双小传》等。

1989 年 3 月 2 日，《南都学坛》刊登许霆的文章《李季探索新诗形式的道路及其意义》。

1990 年 6 月，华岳文艺出版社出版张器友的《李季评传》。

1990 年 11 月，上海火柴厂出品一套十二枚的火花《王贵与李香香》。

1990 年 12 月，《诗刊》第 12 期刊登李春辉的文章《我们呼唤李季》。

1990 年，《长庆油田战报》刊登刘占强的文章《永久的记忆》。

1991 年 1 月，《文艺理论与批评》第 1 期刊登丁永淮的文章《论李季的叙事诗创作》。

1991 年 3 月 8 日，值李季忌辰十一周年之际，由《诗刊》主办的“李季诗歌研讨会”在京举行。首都诗歌界、诗人、诗评家及李季生前的战友、亲朋数十人应邀出席了会议，中宣部副部长、文化部代部长贺敬之同志带信向会议表示衷心的祝贺。中组部副部长赵宗鼐同志（李季玉门油矿的老同事）以个人身份参加了会议。

1991 年 5 月，《诗刊》第 5 期刊登张器友的文章《李季与新诗民族化、大众化》、李瑛的文章《致力于新诗和人民群众结合的典范》、江波的文章《忆念人民诗人李季》。

1991 年 5 月 27 日，《珠海特区报》刊登了诗人纪鹏的文章《诗林的常青树》。

1991 年 5 月 31 日，《诗刊》刊登文章《与时代同步、与人民同心——李季诗歌研讨会综述》。

1991 年 12 月，《诗刊》刊登长庆石油人第广龙的诗《死去的时候戴着铝盔的诗人》：“‘凡有石油处，都有玉门人’，玉门的石油大哥都戴铝盔，唯那个方脸的汉子是诗人，看上去，却像个老钻工……你已经死了好多年了，死的时候，带走了一顶铝盔，一顶铝盔就是一座祁连山，还被你敲打着，一声一声，都是你血的音响……”

1992 年，白渔的文章《石油河凭吊》载于《白渔诗选》，青海人民出版社出版。

1992 年 5 月，《诗刊》第 5 期刊登李小为的文章《情系柴达木——记诗人李季 1954 年一进柴达木》。

1992年12月，李小为千里迢迢来到三边，寻访李季当年的踪迹，同李季一块工作过的老同志座谈回忆李季的往事。那些老人提起李季，就有说不完的话题，李季当年的音容笑貌、举手投足，都还深深地刻印在三边人的记忆里。

1993 年 3 月，《地火》第 3 期刊登李小为的文章《由一张照片想起的》。

1993年4月,《中国风》第4期刊登李小为的文章《三上清凉山》。

1993年4月,《瀚海魂》第4期刊登李小为的文章《柴达木精神万岁》。

1993年6月,《中国作家》刊登李小为的文章《泪洒柯克亚》。

1993年8月，青海文联为诗人李季和李若冰颁发了“特殊贡献奖”，颁奖仪式在敦煌举行。

1993年9月18日，李季入选中国百科全书文学卷认可的28位百年现代诗人。百科全书编委会在选取28位诗人时，也是经过再三权衡考虑，从文学艺术成就水平、诗歌传诵度等多层面原因进行细致的考究、筛选，按姓氏笔画为序，他们是：公刘、毛泽东、卞之琳、艾青、田间、冯至、冯雪峰、朱湘、光未然、刘大白、刘半农、冰心、阮章竞、李季、李瑛、何其芳、陈毅、闻一多、闻捷、贺敬之、徐志摩、殷夫、郭小川、郭沫若、萧三、浦风、臧克家、戴望舒。

1994年11月15日,《河池师专学报》刊登犹家仲的文章《理过其辞、淡乎寡味——论李季的诗》。

1995年2月,《瀚海魂》刊登李小为的文章《我们一起唱柴达木的歌》。

1995年5月，人民教育出版社出版李群编著《小鸟在前面带路——李群歌曲创作选集》，收录李季词、李群曲的《人拉肩扛也要上》。

1995年9月23日，周同宾的文章《李家小庄》载于《南阳日报》。

1996年2月,《瀚海魂》刊登李小为的文章《老彭，虽然我们不相识》。

1996年3月15日,《文艺报》第8版刊登龙汉山的文章《〈诗刊〉复刊片忆》。

1996 年 5 月 11 日，李城外在北京采访李季在湖北咸宁“五七干校”的情况，李小为说：“欢迎从咸宁来，但你要写李季的专访，找我谈不合适，因为我称不上文化人，只是李季的老伴而已。”

1996 年 11 月，《飞天》刊登曹杰的文章《火一样的情思》。

1997 年 1 月，《诗刊》第一期封二上发了一张非常珍贵的照片：1962 年 4 月 19 日出席《诗刊》召开的诗歌座谈会人员合影。其中有朱德、陈毅、郭沫若、周扬、柯仲平、萧三、臧克家、田间、李季等老一代的领导和诗人。

1997 年，《纵横》刊登黎辛的回忆文章《〈王贵与李香香〉发表的前前后后》。

1997 年，《武汉冶金管理干部学院学报》刊登古远清的文章《论李季的诗》。

1997 年 11 月 15 日，《中国现代文学研究丛刊》刊登张器友的文章《〈王贵与李香香〉与三边民歌》。

1998 年 2 月，《地火》刊登李小为的文章《归去来兮》。

1998 年 3 月 15 日，《中国石油报》刊登刘春的文章《李季与玉门油矿》。

1998 年 10 月 4 日，《中国石油报》刊登楠柯的文章《对石油的朴素感情》。

1998 年 10 月 25 日，萧三致信李小为：“李小为同志：庆贺你给我写信，还替我祝寿，我非常谢你！好在我活了大半辈子。我到现在还想念老李。虽然我差不多完蛋了，但想他的书，会挂念他的。很怀想你的亲切，很厚道，真想你看我，假如下午有时间的话——当然在晚饭前（午后五点就吃晚饭了对不起）。”祝贺你好！孩子们都好！　萧三　98 年 10 月 25 日”。

1999 年 6 月，《长江文艺》第 6 期刊登楚奇的文章《怀念诗人李季》。

1999 年 11 月 26 日，以王进喜的称号“铁人”命名的中华铁人文学奖在京举行首届颁发仪式，李季、李若冰、魏巍、吕远等作家、作曲家被授予“中华铁人文学贡献奖”。李季、李若冰二人被誉为石油文学的奠基人、西部文学的开拓者。

2000 年 5 月，中国美术出版总社出版《王贵与李香香》连环画，赵国经、王美芳绘。

2000 年 7 月，人民文学出版社和北京图书大厦发起和组织了评选“百年百种优秀中国文学图书”的活动，李季的《王贵与李香香》入选，并由人民文学出版社再版。

2000 年 8 月 15 日，《飞天》第 8 期刊登王建国的文章《李季小传》，徐刚的文章《庚申之春悼李季》。

2001 年 1 月，人民文学出版社出版《王贵与李香香》。

2001 年 7 月 4 日，李小为致信陈汝定：“陈汝定先生：您好！来信及赠书均已收到，谢谢！从您的大作中能看出您是一个兴趣广泛善于品味人生的人。您在作品中抒发对人生的真善美是让人受益的。这里我要感谢您。收入诗人李季致您的信函，但我却觉得应放置在您作品之后，作为附录。这除了您对诗人的赞语之外，李季还是个十分谦虚之人哩！最后我祝您和您的家人健康、幸福！特复　致　敬礼！　李小为　2001 年 7 月 4 日”。

2002 年 2 月 15 日，《中小学作文教学》（小学生版）刊登徐润福的文章《李季学民歌》。

2002 年 4 月，《中国石油画报》刊登康胜利的文章《诗人李季的西部石油情结》。

2002 年 5 月 1 日，《延安文艺与先进文化建设研究——纪念毛泽东同志〈讲话〉发表 60 周年研讨会论文集》，收录田林艳的论文《延安文艺座谈会后的新诗篇——试谈〈王贵与李香香〉的创作》。

2002 年 6 月，吴泰昌的文章《我的作家邻居》载于《书摘》第

6期。

2002年6月，《宁夏史志》第6期刊登范家兴的文章《李季在宁夏的三次创作经历》。

2002年9月，天津人民美术出版社出版《王贵与李香香》，赵国经、王美芳绘。

2002年9月15日，《承德民族师专学报》刊登于丽丽的文章《李季对乐府民歌的继承和发展》。

2003年4月，《南京师大学报》刊登高永年的论文《新诗叙事艺术概观》。

2003年4月，《武汉文史资料》第4期刊登楚奇的文章《革命诗人李季在武汉的日子里》。

2004年2月8日，《中华魂》第2期刊登汤若章、牛琦的文章《西北三边与诗人李季》。

2004年，李兆虬绘制的《王贵与李香香》获全国中国画展金奖。

2004年9月，《人民文学》第1—9期的封面依然将那些曾对当代文学史进程和作家创作产生影响的现当代著名作家、理论家如周扬、高晓声、郭小川、臧克家、马烽、穆旦、张天翼、李季、胡风等人的头像印在白色纸面上，第10—12期则以白色为基本色，每期改换一种颜色双色印刷，总体上维持了《人民文学》一贯简单素雅的装帧风格。

2005年12月15日，《湖北档案》刊登李城外、李小为的文章《李季：希望将来北京见》。

2006年，人民文学出版社出版《中国当代名诗人选集——李季》。

2006年，林绍纲的文章《诗人李季》载于《那时·那事·那人》一书，中国福利会出版社出版。

2006年5月，《红岩春秋》第5期刊登林绍纲的回忆文章《亚非作家会议始末》。

2006年7月24日，《文艺理论与批评》刊登高俊林的评论文章《新诗民歌化、大众化试验的一个范例及得失谈——李季〈王贵与李香香〉一诗的重新解读》。

2006年9月12日，《华兴时报》刊登倪金凤、高珊的文章《揭开〈王贵与李香香〉盐池原型之谜》。

2007年6月15日，年逾八十的李季夫人李小为去八宝山，为石油部原副部长焦力人送别，并在告别仪式现场失声痛哭。李季与焦力人长期在一起工作生活，结下了深厚的友谊。

2007年，杨振言将《王贵与李香香》改编成评弹，2007年由中国唱片上海公司出版。

2007年11月15日，《复旦学报》刊登王荣的文章《论〈王贵与李香香〉的版本变迁与文本修改》。

2008年5月，《各界》第5期刊登了李德忠的文章《李季在三边》。

2008年5月13日，《天津日报》刊登林绍纲的文章《朴实真诚的李季》。

2008年10月15日，《咸宁学院学报》刊登纪海龙的文章《〈王贵与李香香〉的版本批评》。

2008年10月23日，《诗刊》刊登范梦的文章《为李季长诗〈杨高传〉创作插图的一些回忆》。

2008年12月5日，《“诗人外长”李肇星》写道：李肇星说他喜欢田间的《假如我们不去打仗》，喜欢老部长陈毅元帅的诗，还有李季的《王贵与李香香》。记者说，看来你就喜欢战斗诗篇和带有乡土气味儿、看上去浅显直白的诗。李肇星说，你片面了，什么叫浅显直白，这些诗人如果没有很高的文化素养和对老百姓深厚的感情是根本写不出来的。

2009年3月，《炎黄世界》第3期刊登张敬东的文章《著名诗人李季之死》。

2009年3月，《出版史料》刊登罗维扬的文章《〈长江文艺〉的创办》。

2009年9月18日，李季笔下的《王贵与李香香》中的人物雕塑，矗立在盐池县革命纪念馆院中。

2009年9月29日，60年中国最具影响力的600本书书目出炉，李季的《王贵与李香香》榜上有名。

2009年12月7日，《解放军报》刊登曹树华、张森的文章《诗人李季赴延安》。

2009年12月，李季的叙事长诗《五月端阳》由田立伟改编、梅云绘制成连环画，黑龙江美术出版社出版。

2010年1月，李季的叙事长诗《当红军的哥哥回来了》由李尊一改编、梅云绘制成连环画，黑龙江美术出版社出版。

2010年2月，《柴达木开发研究》刊登李玉真的文章《一位老作家的柴达木情缘》。

2010年4月2日，《文艺报》刊登查干的文章《往事如烟亦非烟》。

2010年6月1日，《延安大学》刊登汪洁的文章《〈王贵与李香香〉的经典化研究》。

2010年7月31日，《湖北文史》第1期刊登陈汝定的文章《我与著名诗人李季的交往》。

2010年12月2日，宁夏盐池县史志办的党英才发表新浪博客文章《〈寡妇断根〉——李季创作〈王贵与李香香〉的灵感来源》。

2011年2月，《诗国》刊登文章《回忆诗人李季——在教小学时的抗日宣传活动》，袁林青口述，袁晖整理。

2011年9月15日，榆林网刊登文章《李季和靖边的信天游》。

2012年1月15日，湖北省向阳湖文化研究会会长李城外在京看望李小为，交谈抢救向阳湖史料工作。

2012年5月30日，《南阳作家》杂志刊登马新朝的评论《李季和他的〈王贵与李香香〉》。

2012年7月15日，《中国石油石化》杂志刊登艾宏的文章《李季和他的石油诗》。

2012年，《东方论坛》第5期刊登王金胜、曲楠楠的文章《诗·革命·历史：革命叙事诗的诗学政治化阐释——兼论李季的叙事诗创作》。

2012年10月24日，《百年甘肃》刊登北辰、马永强的文章《李季、闻捷与甘肃文学》。

2012年12月15日，《延安大学学报》刊登张永东、汪洁的文章《论延安文艺代表作品的经典化历程——以〈王贵与李香香〉为例》。

2012年12月，《文学界》第12期刊登卢美丹的文章《李季小传》。

2013年，《中国社会科学院》刊登张琼丹的论文《“法律与文学”视野下的四十年代解放区长篇叙事诗——以〈王贵与李香香〉〈圈套〉为中心》。

2013年8月26日，《陕西日报》刊登姬晓东的文章《70年后再说〈王贵与李香香〉》。

2014年5月，《中国诗歌》第5期刊登邹惟山、王金黄的文章《李季新诗导读》。

2014年5月，《神剑》月刊第5期刊登周明的文章《李季：人有尽时曲未终》。

2014年7月10日，《世纪》刊登吴象的文章《怀念峥嵘岁月中的抗大老友》。

2014年7月15日，《石油知识》刊登谈谈的文章《在经典中寻找勇敢的心——重读石油诗人李季的〈玉门诗抄〉》。

2014年9月25日，《晋阳学刊》刊登颜同林的文章《〈王贵与李香香〉版本校释与普通话写作》。

2014年10月17日，《咸宁日报》刊登吴裕舜的文章《李季：左右为难最揪心》。

2014 年 12 月 12 日，铜川职业技术学院排演的诗剧《王贵与李香香》获陕西省第四届大学生艺术展演戏剧甲组三等奖。

2015 年 1 月，天津人民美术出版社出版《王贵与李香香》，赵国经、王美芳绘。

2015 年 1 月 20 日，李小为和她的两个儿子访问定边，在县城西街官井巷原三边地委院内找到了《三边报》社旧址和李季旧居。

2015 年 6 月 18 日，《陕西日报》报道《70 年后，再说王贵与李香香——写在音乐电影〈王贵与李香香〉拍摄前》。

2016 年 10 月，《文艺研究》刊登李丹梦的文章《中原漂泊与寻找人民中国的调子——李季论》。

2016 年 10 月 16 日，李小为和她的两个儿子应邀参加了盐池县纪念红军长征胜利暨盐池解放 80 周年座谈会，参观了盐池革命纪念馆，拜访了老红军的后人。

2016 年 10 月 17 日，盐池县举行盐池革命纪念馆开馆仪式，原盐池县革命历史纪念馆更名为盐池革命纪念馆。李小为应邀参加了仪式，并向纪念馆捐赠了革命文物。

2016 年 11 月 5 日，《六盘山》杂志刊登马汉泽的文章《诗与歌的回报——李季在三边》。

2016 年 12 月 13 日，张洁在《束沛德先生的文学世界》一文中说：束沛德这样评价诗人李季："哪里有石油井架、钻台，哪里就有李季，就有李季的'石油诗'，'石油诗人'的桂冠不是从天上掉下来的，而是石油工人和广大群众对他的勤奋、忘我的创造性劳动的最高奖赏。"(《永远面向新的生活》)

2016 年 12 月 29 日，李江树看望袁鹰，袁鹰见是老友李季的孩子来了甚是激动。袁鹰因 2015 年骨折已不能行走，他在助步器上垫了一本杂志，坚持要给李小为写一封信："……大家都已进入老境，望多多保重！……”李江树临走时袁鹰还向他说起，1975年以后常与李季在美术馆东侧的小树林里会面的情景。

2017年，《石油老照片》丛书第五辑刊登蒋其垲的文章《为诗人李季抄写诗稿》。

2017年11月20日，《民族艺林》刊登田红梅的文章《〈王贵与李香香〉从诗歌到秦腔现代戏》。

2018年，宁夏秦腔剧院改编的秦腔现代剧《王贵与李香香》在第十二届中国艺术节获得“文华大奖”。

2018年，《文存阅刊》刊登蒋殊的文章《寻访李季和他的〈王贵与李香香〉》。

2018年4月，《新文学史料》2018年第4期刊登李江树的文章《好地方还数咱老三边——李季与信天游（上）》。

2018年5月16日，《河南日报》刊登李青的文章《李季：小镇走出来的诗人》。

2018年5月23日，李小为携李江夏、李江树兄弟赴陕西榆林市，参加“陕北民歌博物馆”开馆仪式，并向该馆捐赠了李季的作品和部分遗物。

2018年7月26日，李季的小学老师黄子瑞的孙女黄迎霞，在2018年第5期《躬耕》发表文章《祖父与李季的终生情谊》。

2018年8月28日，已经91岁高龄的李小为将李季生前在玉门、大庆油田用过的遗物捐献给中国石油档案馆。

2018年10月，李季次子李江树在电话里对张光说，请他写一些当年与李季的交往。张光对李江树说，他打算编两本画册，一本是有关刘志丹的，一本是他自己从事新闻工作几十年所拍的图片集，苦于几百张照片没电子化。李江树就让张光把照片都寄给他，他在北京把这些照片全部电子化后又做了调修，然后把原照片、电子版以及洗好的几百张照片寄回西安以备张光选用。

2019 年 1 月，《新文学史料》2019 年第 1 期刊登李江树的文章《好地方还数咱老三边——李季与信天游（下）》。

2019 年 3 月 20 日，《中国戏剧》刊登穆海亮的文章《〈王贵与李香香〉当秦腔遇到唱诗班》。

2019 年 5 月 20 日，第十二届中国艺术节上，由宁夏演艺集团秦腔剧院有限公司排演的秦腔《王贵与李香香》在上海城市剧院演出。

2019 年 7 月，裴文廷的文章《李季给我们讲写作》收录于《石油摇篮 · 讲述》一书，石油工业出版社出版。

2019 年 7 月 4 日，《中国文化报》刊登查干的文章《往事是一竿青竹》。

2019 年，《戏友》杂志刊登张敏的论文《革命滋养下绽放的生命——浅谈秦腔〈王贵与李香香〉》。

2019 年 9 月 15 日，张光因病去世，由新华社陕西分社副社长边江陪同，李季长子李江夏和妻子刘婷婷，于 16 日上午前往西安北郊张光家中，沉痛悼念张光。李江夏在留言本上写道："我们在来西安看望张光叔叔的火车上获悉张光叔叔的噩耗，万分悲痛。张光叔叔千古！"

2019 年 9 月 18 日，光明网文艺评论频道报道《秦腔〈王贵与李香香〉"一改"修改会专家发言摘编》。

2019 年 10 月 1 日，《中国石油石化》杂志刊登了王常友的文章《李季石油情》。

2020 年，《美术》杂志刊登方方的文章《插图中的戏剧化表达——以彦涵作品〈王贵与李香香〉为例》。

2020 年 2 月，《石油文学》第 2 期刊登李小为的文章《李季与三边》。

2020 年 10 月 14 日，李季长子李江夏向鲁艺纪念馆捐赠了李季的物品，李江夏在捐赠仪式上说："延安对父亲来说，有特殊的感情。

李季的抗大毕业证是我捐赠的东西里头最珍贵的一件。父亲经过多少次突围，所有东西都轻装了，唯独抗大毕业证他带在身上。我将父亲的抗大毕业证捐给鲁艺纪念馆，也算父亲回家了。”鲁艺纪念馆馆长刘妮代表延安市委市政府授予李江夏“延安荣誉市民”称号。

2020 年 10 月 16 日，李江夏将李季亲笔修改的《王贵与李香香》原迹捐赠给延安革命纪念馆。延安革命纪念馆党委书记、馆长茆梅芳向李江夏颁发荣誉证书。

2020 年 12 月 11 日，鹿鸣新闻公号“河南文学名家”栏，刊登文章《李季：一曲信天游，异香飘不断》。

2021 年，《铿锵·青海石油文学精品集》上卷刊登李季夫人李小为的文章《我们的柴达木就像画一般》。

2021 年 3 月 5 日，《山西日报》“重读红色经典，传承革命精神”栏，刊发王芳文章《与命运抗争的顺天游——再读〈王贵与李香香〉》。

2021 年 4 月 13 日，李江夏赴位于河北邢台太行山东麓的“中国人民抗日军政大学陈列馆”。1938 年 7 月，为参加抗战，16 岁的李季背着半口袋馍，只身从河南乡下到西安七贤庄八路军办事处，他被分配的第一站就是抗大一分校。李江夏怀着崇敬的心情参观了陈列馆，并将李季的若干种著作捐赠给该馆。

2021 年 5 月，作家出版社出版《王贵与李香香》影印版。

2021 年 6 月 1 日，《南阳晚报》刊登许进安的文章《李季和〈王贵与李香香〉》。

2021 年 6 月 10 日，李江夏将李季的数本作品寄赠给“太行山抗战文化纪念馆”。1942 年日军“五月大扫荡”前，李季曾在“前方鲁艺”文学研究班短暂学习。当年的“前方鲁艺”位于山西武乡县临漳镇下北漳村。2021 年，该村在当年的原址建立了“太行山抗战文化纪念馆”。

2021 年 6 月 23 日，《文汇报》刊登陈喜儒的文章《大地和人民之子》。

2021年7月1日，《文艺报》刊登李江树的回忆文章《李季：好地方还数咱老三边》。

2021年7月12日，《朔方》杂志“庆祝建党100周年作品专号”第7期，刊登了张树林的回忆文章《李季和他的〈王贵与李香香〉》。

2021年7月25日，《文艺争鸣》第7期刊登吴昊的文章《〈王贵与李香香〉的诞生及其经典化过程》。

2022年1月13日，《榆林日报》刊发垄耘整版长文《这靖边》，重点介绍了信天游及《王贵与李香香》。

2022年2月13日，中国青年网刊发文章《铝盔，并不遥远的记忆》，作者刘建民。

2022年3月22日，《淮阴师范学院学报》（社科版）刊登魏家骏的文章《三边玉门一曲歌——关于李季的长诗〈杨高传〉》。

2022年5月，《顺天游》由广西师范大学出版社出版。这是1943年至1946年李季在三边地区采集整理的民歌。1947年，马鸿逵进犯三边，李季转移时丢失了一部分民歌手稿。1950年交给上海杂志公司，但只印了400本。这次经过重新整理的《顺天游》又加入了李季采集的，但在1950年那个本子里没有收入的若干首。

参考书目

1. 山东师范学院中国语文系编:《中国现代作家研究资料丛书》(李季研究资料汇编),1960 年。

2.《中国文学家辞典》编委会编:《中国文学家辞典》,四川人民出版社,1979 年。

3. 安徽大学中文系编:《中国当代文学研究资料》(李季专集),1979 年。

4. 李季:《李季文集》(1—4),上海文艺出版社,1982 年。

5. 张器友、王宗法编:《李季研究专集》,海峡文艺出版社,1986 年。

6. 李小为编:《李季作品评论集》,时代文艺出版社,1986 年。

7. 赵明、王文金、李小为编:《李季研究资料》,陕西人民出版社,1986 年。

8. 张器友:《李季评传》,华岳文艺出版社,1990 年。

9. 刘建勋:《延安文艺史论稿》,陕西人民出版社,1992 年。

10. 李小为选编:《泥土和石油的歌者》,陕西人民出版社,1993 年。

11. 阎纲、谢永旺、萧德生编:《中国作家协会在干校》,作家出版社,2006 年。

12. 黄天峰、黄雅峰编 :《黄子瑞文集》，文化艺术出版社，2009 年。

13. 玉门油田《石油摇篮 · 记忆》编委会:《石油摇篮 · 记忆》，石油工业出版社，2012 年。

14.《石油老照片》编委会编:《石油老照片》(五)，石油工业出版社，2017 年。

15. 甘建华主编 :《名家笔下的柴达木》，中国文联出版社，2018 年。

16. 许善述、安毅撰著口述，许志绮整理:《峥嵘岁月稠——从陕北公学、延安抗大到太行山》，时代文献出版社，2019 年。

17. 边江:《多彩年华——边江退休文存》，新华出版社，2021 年。

附录一

一、李季叙事长诗《王贵与李香香》各个时期版本

1. 太岳新华书店 1946 年 11 月版。

2. 东北书店 1946 年 11 月版。

3. 大连大众书店 1946 年 12 月版，作者署名李寄。

4. 华北新华书店 1946 年 12 月版。

5. 冀南书店 1946 年 12 月版。

6. 冀鲁豫书店 1946 年 12 月版。

7. 大众文化出版社 1947 年 1 月版。

8. 冀东新华书店 1947 年 2 月版。

9. 山西吕梁文化教育出版社 1947 年 2 月版。

10. 中国出版社 1947 年 3 月版。

11. 香港海洋书屋 1947 年 4 月版。

12. 华北新华书店 1947 年 4 月版。

13. 上海希望出版社 1947 年 5 月版。

14. 山东渤海新华书店 1947 年 9 月版。

15. 晋察冀新华书店 1947 年 12 月版。

16. 张万一改编秧歌剧，太行群众书店 1947 年版。

17. 吕梁文化教育出版社 1947 年版。

18. 新华书店 1948 年 7 月版。

19. 张万一改编秧歌剧，太行群众书店 1948 年 7 月版。

20. 张万一改编秧歌剧，道清文化社翻印 1948 年 8 月版。

21. 陕甘宁边区新华书店 1948 年 12 月版。

22. 张万一改编秧歌剧，太行新华书店 1948 年版。

23. 读者新华书店（天津）1949 年 2 月版。

24. 中原新华书店 1949 年 3 月版。

25. 张万一改编秧歌剧，苏北新华书店 1949 年 4 月版。

26. 新华书店 1949 年 5 月版。

27. 苏南新华书店 1949 年 6 月版。

28. 上海新华书店 1949 年 7 月版。

29. 浙江新华书店 1949 年 8 月版。

30. 生活·读书·新知三联书店 1949 年 8 月版。

31. 人民文学出版社 1949 年 10 月版。

32. 山东新华书店 1949 年 10 月版。

33. 新华书店 1949 年 10 月版。

34. 新闽西报购债演出委员会印行，1950 年 2 月版。

35. 徐汲平改编评剧，戏曲新报 1950 年 4 月版。

36. 上海教育书店 1950 年 8 月版。

37. 周行改编弹词开篇，上海北新书局 1950 年 10 月版。

38. 李漠等改编秧歌剧，重庆联合图书出版社 1951 年 2 月版。

39. 华东人民出版社 1951 年 5 月版。

40. 于村、梁寒光改编歌剧，上海文化生活出版社 1951 年 6 月版。

41. 王尊三改编鼓词，上海民艺出版社 1951 年 6 月版。

42. 人民文学出版社 1952 年 3 月版。

43. 王健民改编淮剧，第一届全国戏曲观摩演出大会华东区大会

1952年10月版。

44. 于村、梁寒光改编歌剧，文化生活出版社1952年12月版。

45. 生活·读书·新知三联书店1952年版。

46. 河南省戏曲改进委员会改编豫剧，1953年1月版。

47. 人民文学出版社1953年10月版。

48. 于村、白云峰改编评剧，北京自强书局1953年12月版。

49. 方生改编连环画，上海学林书店1953年版。

50. 金梅生改编连环画，上海正兴美术出版社1954年12月版。

51. 周令钊改编连环画，《连环画报》杂志社1955年3月版。

52. 新美术出版社1955年版。

53. 张万一、高介云等改编秧歌剧，北京宝文堂书店1956年6月版。

54. 王健民、唐继师改编淮剧，上海文化出版社1956年6月版。

55. 人民美术出版社1956年6月版。

56. 人民文学出版社1958年10月版。

57. 人民文学出版社1958年12月版。

58. 王健民改编淮剧，上海文艺出版社1959年1月版。

59. 于村、梁寒光改编歌剧，上海文艺出版社1960年1月版。

60. 人民文学出版社1961年10月版。

61. 作家出版社1963年10月版。

62. 于村、梁寒光改编歌剧，音乐出版社1964年3月版。

63. 人民美术出版社1982年2月版。

64. 肖文等改编连环画，中国连环画出版社1986年3月版。

65. 赵国经、王美芳改编连环画，中国美术出版总社2000年5月版。

66. 人民文学出版社2000年7月版。

67. 人民文学出版社2001年1月版。

68. 赵国经、王美芳改编连环画，天津人民美术出版社 2002 年 9 月版。

69. 赵国经、王美芳改编连环画，天津人民美术出版社 2015 年 1 月版。

70. 作家出版社 2021 年 5 月影印版。

二、各时期少数民族和外文版的《王贵与李香香》

1. 英文版，北京文化出版社 1951 年。

2. 阿尔巴尼亚文版，外文出版社与地拉那出版社合作出版 1953 年。

3. 越南文版，1953 年。

4. 德文版，外文出版社 1954 年。

5. 英文版，外文出版社 1954 年。

6. 法文版，外文出版社 1957 年。

7. 印尼文版，外文出版社 1957 年。

8. 蒙古文版，民族出版社 1957 年。

9. 维吾尔文版，民族出版社 1957 年。

10. 僧伽罗文版，外文出版社与斯里兰卡出版社合作出版 1961 年。

11. 蒙古文版，黑龙江人民出版社 1979 年。

12. 德文版，外文出版社 1980 年。

13. 英文版，外文出版社 1980 年。

14. 世界语版，中国世界语出版社 1985 年。

15. 匈牙利文版，2008 年。

三、多种艺术形式的《王贵与李香香》

1. 歌剧《王贵与李香香》，李季原作、梁寒光曲、于村改编、汤正方伴奏、汪玮等演唱、李德伦指挥，中国唱片厂，1950 年。

2. 弹词对唱《王贵与李香香》唱片，改编周行，演唱蒋月泉、王伯荫，人民广播器材厂，1951 年。

3. 评弹《王贵与李香香》唱片，改编周行，演唱蒋月泉、王伯荫，中国唱片厂，1951 年。

4. 淮剧《王贵与李香香》唱片，李季原作，上海文化局创作研究室集体改编，王健民、唐继师执笔，筱文艳、顾少春演唱，上海市人民淮剧团乐队伴奏，中国唱片厂，1955 年。

5. 关学增北京琴书《王贵与李香香》磁带，中国唱片深圳公司版。

6. 武乡秧歌《王贵与李香香》磁带，张万一编剧，李秉衡、李金兆音乐设计，北岳文艺出版社。

7. 幻灯片《王贵与李香香》42 张，20 世纪 80 年代上海市兴业幻灯制片厂制作。

8. 火花《王贵与李香香》共 12 枚，上海火柴厂 20 世纪 90 年代出品。

9. 武乡秧歌《王贵与李香香》VCD，薛万青导演，河北百灵音像出版社，2006 年。

10. 杨振言改编评弹《王贵与李香香》VCD，中国唱片上海公司，2007 年。

11. 评弹《王贵与李香香》CD，蒋调改编，蒋月泉演唱，中国唱片上海公司，2008 年。

12. 关学增北京琴书《王贵与李香香》CD，中国唱片深圳公司，2009 年。

13. 许志远、闫岩作曲，秦腔《王贵与李香香》DVD，黄河出版传媒集团版，2015 年。

14. 江城剪纸《王贵与李香香》。

附录二：李季亲属忆李季

1983 年 1 月 4 日，李季的大嫂王玉芬在郑州去世，李季夫人李小为从北京前来送别。丧事完毕，家人们坐在一起，回忆李季少时的往事。

李振三（李季大哥）：李季生在祁仪镇。到祁仪前，爹和三叔我们生活在祁仪镇东南十二里的一片岗坡上。岗坡地石子多，地太薄，能种粮食的地不到五十亩。四十亩种麦，几亩洼地种水稻。种一葫芦收几瓢，一亩地的收成就是几十斤。那片地就住着咱们老李家一户，人称小李庄。

生活本来就苦，又闹土匪，日子实在过不下去了，就把树砍了，门摘了，把家搬到了祁仪镇。小庄的地让家住在山里的一位亲戚代耕，还按他家的要求给买了头牛。几十亩地一年收两千多斤麦子，给人家一半，咱留下的有一千多斤。

爹在祁仪街上开了个小杂货铺，用卖农具的一百六十串钱做本钱，卖草绳、碗筷、鞭炮、火纸（点火的纸），还有酱醋油盐……爹读过几年私塾，会打算盘，负责管账。三叔进货。读了几年书的我，也帮着家里做生意。

刚到祁仪镇时，家住在西街水塘的北边。后来，家里人口多了，置办了咱家小铺后面的一块地，盖了几间房，围了一个院。

家搬到祁仪镇两年后，有了李季。

李寅棠（李季侄子）：祁仪镇离唐河县五十五华里，偏东南方向，再往南二十里就是湖北了。祁仪南边是山，属桐柏山余脉。站在祁仪镇的街上就能看见山。从南山流出两条小河，分别由东西紧挨着小镇静静流下，到镇西北两三里外的许河村相聚，汇成清水河。清水河向西入唐河，经汉水奔向长江。祁仪人依其方位，称傍着小镇北流的河为东河、西河。

东河宽四五米，平时水不深。夏天，山洪倾泻，河面变宽，河水上涨。西河水流四季平缓，镇上百姓沿河岸种了大片菜地。河堤上南北有两个井：南边井的周围种了四棵柿子树，夏季，人们喜欢去那里乘凉；北边的井旁有棵皂角树，井深二十多米，水清凉。三伏天从井里打出来的水，南阳土话叫"井拔凉"，冰西瓜，过水捞面条，祛暑热。镇上的许多人来这儿挑水喝，有人为需要的人家送水，挣个辛苦钱。

小镇南北长，东西短，早年有土寨墙，东西南北都有寨口。东寨口较窄，只能过人，不能过车。南北有条街横穿小镇，商铺、饭铺、黄酒店……三三两两散布在南街，聚人气，较繁华。

李振三：振鹏（李季原名）出生就不易。那年，妈是快40岁的人了，不太想要了。妈觉得我已经娶了媳妇，她还生孩子，有点别扭。爹也说："眼看儿媳妇都要生孩子了……"当时爹妈就是这么个想法。

李振芝（李季姐姐）：街坊邻居你一言我一语地劝说："'老生子'聪明，你要了吧。""以后你老了会孝顺你的。"妈心里疼儿子，嘴上却说："那我也不稀罕，当猪娃子养吧。"

振鹏生下来就总是闹病，瘦得没个人样。一天晌午，妈领着我和嫂子去地里掐芝麻叶。爹看着瘦得皮包骨、躺着没有一点动静的病孩说："我看这娃真是快不行了。你们抱上他，要是掐完芝麻叶还不睁眼，就搁河滩草窝里吧。”

到了芝麻地，把小蒿子（李季乳名）放在树荫下。芝麻叶掐完了，跑过去一看，他不哭，手脚还动弹，就抱起蒿子回家。

走到街北头，迎面碰上一个耍把戏的，脖子上盘着条蟒蛇。他看见蒿子闭着眼，头歪在一边，走过来问：“这娃咋了，我给看看。”拉着蒿子的左手看了好一会儿，说：“别看这娃瘦得剩把骨头，这娃死不了。日后打功名吃饭呀。”

回到家，爹听了叹口气，说：“打到狗肚子里去咧。你看他那样子还能活得了？”

谁知道小蒿子的病竟然一天天好起来了。能吃饭了，人也吃胖了，邻居婶子们说：“你看蒿子吃成了个肉堆了。”再后来，他就很少生病了。他病时身上气味难闻，一股子干气，我都不想抱他。

李小为：你们说说他（指李季）小时候是个什么秉性，爱说话吗？常和你们拉家常吗？

李振芝：他从小爱看书，听戏文，说话词儿多。嫂子让寅棠（李振三长子）喊他“小老头”，在咱那他不太喜欢，说：“嫂子别刺挠（刺激）我了，寅棠想喊我啥就喊个啥。”

李寅棠：我听娘的话，喊他“小老头”，一直喊到他离开家都没改口。“小老头”在咱那就是小爹的意思，他开始别扭不愿意，后来也答应了。小叔大我四岁。

李振三：他从不跟我逗乐，就爱跟他嫂子逗。

李小为：说说李季的妈妈，她是哪年去世的？

李寅棠：奶奶去世时，我 5 岁。记忆里的奶奶个子不太高，胖胖的。

李振三：妈性情温和，对人厚道，为人处世就像你嫂子一样，对邻居、亲戚都好。家里来了客人，饭啊、菜啊，尽量多做些，总怕人家吃不好。

妈是有病走的，走时还不到50岁。没多久。爹就娶了后娘。后娘品行不好，对振鹏不好。

李振芝：妈死的那年，蒿子9岁，我18岁，哥25岁。

李寅棠：我奶周年忌日那天，我娘和我姑去小庄给我奶扫墓，说好带小叔一起去。后奶却要带着小叔走亲戚。

李振三：她在家不方便烧纸，想带着振鹏回娘家。

李寅棠：小叔哭着坚决要去给我奶上坟，我爷拧着他的耳朵让他跟后奶走。他哭了，流着泪挣扎着要跟我娘走。我爷说："不许哭，跟着她去。"他说："不让我哭，我就放声大哭。"当时我紧跟在小叔身旁，那年，他10岁。

李振三：爹娶这个后娘，开始我就反对。她来咱家那天，我堵在寨口拦住她。邻家陈哥把我拉到他家，她才进了门。后来，给爹牵线说媒的人都不敢再来咱家。振鹏那时上小学，她啥也不管。振芝出嫁前，都是他嫂子和他姐照顾他的生活。

后娘一生没有生育，回娘家总要带着振鹏。爹发脾气别人不敢吭，我已成家立业，对那个后娘一点不买账。大声地对他们吼："振鹏不想跟她去，就不去！"

李振芝：振鹏从小就聪明。咱家小铺帮人家代卖的鞭炮放在后院里，他不知咋的就给弄响了。哥脾气不好，却从不对他发脾气，只说了声："数数，缺多少，给人家添上。"

振鹏爱放炮，爱买书。逢集时，人家的孩子有钱买吃的，他就爱买书。只要他往柜台那一站，爹和哥都会给他几个铜板。上初中时，他把一张木刻的鲁迅的半身像贴在靠床的墙上。

李小为：咱们镇上有摆书摊的？

李寅棠：农历单数的日子逢集，摆书摊的就来了。一块蓝色或白色的布往地上一铺，一摞一摞的书摆放得整整齐齐。一部分是铅印的旧小说，薄薄的木刻本的鼓词唱本居多，记忆中有《英烈传》《小姑贤》……小叔蹲在书摊旁，一看就是一晌。

李小为：哥哥给他零花钱吧？

李振三：我在柜台上时，镇上逢集，他来说想买书，都顺了他的心。后来只要往那儿一站，也不吭，就给他捏十个八个铜板。他从不乱花钱，就是买书，就爱看书。

有年秋天，收了高粱，青高粱秆交叉着竖在地旁晾晒，中间有空心。晌午放学了，到处找不到他。下午，几个孩子去上学，发现他蹲在高粱秆里看小说，连午饭都忘了吃。他的书包里就没断过那些唱本、旧小说。

李寅棠：我家小铺对面是家小饭铺，老板姓胡。胡家饭铺白天卖饭，晚上是旅社。有个说书的，人称金仙儿，吃住都在胡家。除了说书，金仙儿还能给人把脉看病。每天晚饭后，他在饭铺门口摆张桌子，敲着小鼓，开始说书。小叔早早地就搬着小板凳坐在前排，《杨家将》《包公案》《隋唐演义》《楚汉争雄》他听得眼都不眨。说到紧张关键时刻，人声停，鼓点落，金仙儿微笑着让大家明天再来。

听说书当时不要钱，过几天再挨家挨户收点钱。

李振芝：听得多了，蒿子对我说："姐，我快学会了。"看我不信的样子，他笑着说："我问金仙儿那么多的人名地名咋能记清楚？金仙儿低声告诉我，这城那名的记不清了，哼哼两声就糊弄过去了。"

李寅棠：小叔小时候还喜欢曲子戏。当年县城有个戏班，来我们这儿演出时，他几乎场场必听。镇上有几个会哼河南坠子的，小叔总是围着他们转，跟着学唱。

我比小叔晚一辈，小他四岁，他对我亦师亦叔亦友亦兄。后奶来了，他放学就到我娘屋里和我玩。

夏天吃罢午饭，上学前，他领着我去西河，教我游泳。我很快跟他学会了"狗刨式"，两手一扒，两腿一蹬，老家人叫"打扑腾"。

他教我下象棋，我边学边和他下，我每下必输，有时连输几盘，输哭了，他就哄我。

他爱看书，《三国演义》啊，《封神演义》啊，有空就给我讲一段。谁和谁打仗，谁心狠手辣、诡计多端，谁的武功好，性情耿直……他教我先记住人物的名字，再记人物的故事。

有一次，娘领我去外婆家住了几天，回来时牵了只羊。走了几天，很想小叔，就拉着羊去学校附近的寨墙边吃草。刚好，小叔站在教室门口，看见我就跑过来，牵着羊和我一起去喂羊。

李小为：家里有他自己的屋吗？

李振三：没有。咱家人口多，三叔家五六口，爹妈加上我们弟兄姐妹四个，还有媳妇、孩子，总共二十多口人住在一个院子里。一大家子人吃一锅饭，请了一位帮工做饭，我们这辈儿的三个媳妇轮流帮厨。临街是铺面，院子里盖了七八间住房。妈走后，南头有间屋，放了些卖点心的盒子和粮食，给他铺了张床。那屋里没有桌子，他每天在学校把作业写完了才回家。

李振芝：他读书很用功，年年得奖。暑天睡在院里。夜里睡着睡着，起来书包往脖子上一挂，敲着院门让开门。爹问他干啥？他说上学去。爹喊了声："还早呢，月亮头呀。"

那时家里没钟表，他说怕睡过头。

李寅堂：祁仪虽然地处偏远，但历史悠久。自古这里的百姓就崇尚读书，家家户户都想让孩子上学堂。听老人们说，明清年间，祁仪镇和附近的村庄就有了书院和多家私塾。清末废科举兴学堂，祁仪镇又开办了学堂。清宣统元年（1909），祁仪人多方筹资，在祁仪街山陕会馆创办祁仪小学，始名为唐县（唐河县当时的县名）东南区模范小学。首任校长赵表民。

1912 年，县教育局将此校改为官办小学堂。四个教学班，学生一百一十余人。1921 年改名为沘源县第三完全小学。（1913 年，唐县更名沘源县；1923 年，改名唐河县。）学校有六个年级六个班，学生两百四十人，教师十四人。1934 年，赵超立任校长。1937 年改名为唐河县祁仪小学。我是 1933 年上小学，同学们都口称自己的学校为“三小”。

那时我们的学费不是交钱，是交麦子。

我读一二年级时，小叔读五六年级。他上初小各科成绩都好，到高小，国文偏重，数学不如国文。高小时，他和一些家离学校较远的同学一起住校，每天要上晚自习。记得他还让我去学校，跟他睡在一张床上，我睡他脚头。

虽然是“老生子”，是家里最小的儿子，小叔童年失去母爱。命运逼着他在孩童时代就学习自立，学习做长辈。他比同龄人沉稳、有主见。他待人亲切，从不和同学打架，大家愿意亲近他。

李振三：不论大人孩子，他都能处得很好。对门家的王庆棠问他个啥字、啥事，都难不倒他，就给他起名叫“万事不求人”。在学校，比他年龄大的、小的，都叫他“小哥”。

李寅棠：小叔读书多，知识面广，也爱讲给大家听。他外号一个叫“小说迷”，再一个叫“呱嗒”，意思是爱说、能讲。当年大家说祁仪街上有两个“呱嗒”：南头有个“李呱嗒”，北头有个“曲呱嗒”。南头“李呱嗒”就是小叔，北头“曲呱嗒”叫曲子正，也爱看小说。两人常交换书看。

小叔特别爱参加集体活动。每年元旦，学校组织学生排戏演戏。我记得有一个歌舞剧叫《葡萄仙子》，剧情里的葡萄是个仙女，葡萄园里的喜鹊、山羊、小白兔都围着葡萄仙子跳舞，庆新年。小叔扮演喜鹊，服装道具很简单，用纸糊个喜鹊脸戴在头上，有个尖嘴巴。

抗战时期，学校排演街头剧《放下你的鞭子》。小叔扮演那位被鞭打的姑娘。

小叔很有正义感。小学毕业，他考上南阳敬业中学。在敬业中学上二年级时，有个同乡曲凡红是一年级的，小叔的同班同学毛子明经常欺辱曲凡红。曲凡红人老实，被逼得没办法，退学回家不上了。14 岁的小叔在日记里描述毛子明的狂傲霸道，以大欺小，欺负低年级的同学。愤然以诗言志：“天马行空毛子明，欺我同乡曲凡红，有朝一日犯我手……（这里记不清了）定不容。”

记忆中，小叔少年时代写过两首诗。一首写在他的日记里，另一首是他小学五年级时，用毛笔写在家里西屋朝南的墙上：“土地庙门朝正东，刮来一阵西北风。若问此字谁写的，请你去问李振鹏。”日记里的诗正义凛然，墙头上的诗豪情满怀。

李振三：去南阳上中学那年，寒假回家，他的脚冻烂了。

李振芝：我记得是腊月，天下着雪，他坐牛拉车回来。车到院门外喊我：“姐，我回来了，不会走路了。”我赶紧出去，扶着他下车，他的腿冻僵了，手脚冻烂了。后娘听见他回来，连屋门都不出，还等着蒿子去问候她呢。

从南阳到祁仪，那时的土路弯弯绕绕近两百里路，问蒿子怎么回来的，路上走了多久？手脚怎么冻成这样？他一声不吭。妈走后，他的伤心都藏在心里，再苦再难也不对人说。

李寅棠：1937 年“七七事变”，南阳敬业中学暂时停课，小叔回到祁仪。三奶对小叔上中学的事一直有意见，他就不上了。

李振三：那时，爹和三叔还没分家，家里两个娘，三个媳妇，人多嘴杂。后来家里也供三叔的孩子上了中学。

李小为：他在南李庄教书教了几年？

李寅棠：抗日战争初期，祁仪小学从外地聘请了几位青年教师。他们思想进步，讲课中贯穿着新思想，积极宣传抗日救国，对我们影响很大。为了扩大校舍，学校砸掉后院东西两殿内所有神像，并筹资修建了一栋两层教学楼，命名“四维（礼义廉耻）楼”。

后来我们才知道，不仅几位教师，还有校长都是共产党员。

停学回家，祁仪小学校长赵超立和小叔的小学老师、进步青年黄子瑞创办了一份宣传抗日的油印小报，小叔李季负责写稿并送报。不久，黄子瑞介绍他去祁仪南三里多地的南李庄多福小学教书。

多福小学的学生不多，六十多个学生，四个年级。学校不大，几间漏风的民房，两位老师，两间教室，一、二年级一间，三、四年级一间。两位老师先给一、三年级讲课，再给二、四年级讲，轮流上课。李季教三、四年级的国文和全校的体育课。

学校有一个院子，学生课余可以做操、做游戏。后院挨着院墙种了些蔬菜。小叔那年 15 岁，自己不会做饭，吃饭是家里送。咱那儿种的庄稼主要是小麦和高粱，日常主食是小麦面掺高粱面蒸的馍。他去学校时自己带点，一两天后，我娘用个小篮，装些馍，拿点菜，我负责给他送去。

小叔的宿舍兼伙房，靠里面摆了张床，挨着门旁有个土灶有口锅。经常看着他在锅里烧点开水，拔两棵学校院子里种的菜，掐几片叶子，丢在锅里，再放点盐，连汤带菜都有了。

李秀棠（李季侄女）：记得一次哥带着我给他送饭，从西河菜园下水过河。哥拉着我，河水差点把我冲走。

李寅棠：他赞同陶行知先生“生活即教育，社会即学校”的教育理念。课堂上，除了按课本教，还选择了三联书店出版的一些进步书籍，让学生朗读。他领着四年级学生步行到县城，开阔学生眼界，沿途宣传抗日。他把体育课中的“丢手绢”改成了“捉汉奸”。课余时间，他带着学生登山蹚河，认识大自然中的植物、动物。他组织学生在祁仪街创办了第一个宣传抗日的墙报《救中国》，每周一期。并在墙报上写过一首顺口溜：“大家看，大家瞧，日本鬼子太残暴，南京城里大屠杀，杀我无数好同胞……同胞们，起来干！此仇不报非好汉，坚决抗战打鬼子，血债还得血来还！”

1937 年下学期到 1938 年上学期，小叔教了一年书。1938 年 7 月，他离开祁仪，开始了新的人生。

李振芝：那时不走就不行了啊，他彻夜不睡，半夜起来坐着，直坐到天亮。家里的伙计说，振鹏夜里睡不着觉。

爹不想让他走，说你出去将来会要着饭回来。

他说："我不会要饭。我哥给我拿几个钱，我要是要饭，永不回祁仪。"

爹再三劝阻："你小，不知道个啥。"

嫂子也劝他："你别去，娃子，你出去干啥。你一个人，那么大点（不满16周岁），出门都不知道东南西北。"

他说："没事，就是要饭也不回祁仪镇。"

李寅棠：在南李庄教书期间，他和他的小学老师黄子瑞接触较多，看了一些进步书籍和报纸，向往革命，一心参加抗日。他恳求黄子瑞帮助他去延安。黄子瑞专程赶往祁仪镇几十里外的湖北枣阳县，让他的上级黄民彝（黄火青的妹妹）给西安八路军办事处写了封介绍信。

原来相约同行的是三个人，一个是龚兰阁（现在台湾），他家在北头也开了一家杂货铺；还有一个叫桂书月。他们是同学，都和小叔一起演过《放下你的鞭子》。临走时，他们两人变卦了。

龚兰阁说太危险，从洛阳到西安坐火车要经过潼关，潼关有两个隧道，中间有一段距离黄河很近。黄河北边的风陵渡被日本鬼子占领，看见火车就打炮，很危险。龚兰阁说一是国民党抓，二是日本人打，家里不让他去了。桂书月已订婚，家人说你订婚了，要走，拿着你订婚时的八字去老丈人家烧了，你再走。

小叔对他俩说："你们不去，我一个人也要走，我下了这个决心。"

小叔教书时工资不多，都交给我爷了。他对我爷说："你不给我路费，我教书那钱给我吧。"

李振三：走前，振鹏把自己的一个小箱子，送到住在李上林村的外婆家，里面全是书本。

李寅棠：箱子里有他的日记本和作文本，还有他写的章回小说。印象深刻、记忆犹新的一篇作文是《我的志愿》。他在作文里立志：我将来一定要做一个文学家，像鲁迅、郭沫若那样的文学家。

李振芝：走时，带了教书攒下的十六块银圆，哥又给他添了十四块银圆，给他一套出门时穿的衣服。嫂子紧赶慢赶，给他做了两双鞋。

李振三：我一直没穿过制服。一次，骑脚踏车去外地办货，穿着长衫不方便，就买了套制服。路上下雨淋湿了，回家后就不再穿了。振鹏走时，他嫂子把那套衣服洗干净，给他带上。他说："让大侄子穿吧，留给寅棠穿。"他嫂子说："他小，不能穿，你带走吧。"

李寅棠：小叔到陕西后，很快给家来了一封信，第一封信简单地报了平安。告诉我们，过潼关，途经风陵渡时，不仅没有挨日本人的炮轰，连炮声也没听见。

小叔离开家时，我和他的学生袁文甲也想跟他走。他在山西长治专门给我俩写了封信。信上说，可爱的祖国正在遭受敌人的侵略、涂炭，我们部队马上要过黄河，到敌人后方去打击敌人。你们俩年龄小，要好好学习，将来读书救国……

他还给家里写过几封信，其中一封说很想家，想妈。信中写道："我真的很想家，我忘不了小庄那棵弯腰的小枣树，我妈就埋在那棵树的旁边了。"

李振三：妈坟旁那棵小枣树弯弯的腰，一般放炮，就挂在那树上。现在小石庙还在，石碑还有。

解放不久，他从武汉回来了。乡里先来了个人给我报信，说振鹏回来了。我不信，来人说："真的！真的！"

乡政府在东河边一个大院子里办公（这院子原是冯友兰先生家族的院子）。过了会儿，真有一位乡政府的人领他进了家。

李寅棠：小叔那年回家时，我刚从国立湖北师范学院毕业不久，不在家。后来听他的老师黄子瑞讲，他是1950年春回来的。先到唐河县委，知道黄子瑞在县里工作，午饭后就登门拜访，与之长谈。临别，赠送一本亲笔签名的《王贵与李香香》。不久，黄子瑞把《王贵与李香香》改编成曲剧剧本，在唐河县上演。

李振三：进了家，和全家人坐在一起，他说了离开家这些年的情况，就是一直跟着共产党打鬼子，为老百姓打天下。

说了会儿话，发现没见他嫂子，就问："嫂子呢？"

我说："她不知咋的了，这些天身体一直不得劲，屋里躺着呢。吃了几服药也不管用，老人们要用老法子给她试试呢。"振鹏说："我不管，你们愿咋做就咋做，只要让嫂子好起来。"

李庚棠（李季侄子）：叔对我娘感情很深。去探望我娘时他说："大嫂，小时候你像母亲一样照顾我吃、穿，长嫂如母。我只愿对你说心里话。"

李瑞棠（李季侄子）：叔回去那年，先到唐河县。县城距祁仪镇有几十里，当时没有公路，县里给叔派了一匹马，还让一位喂马的同志陪他一起回祁仪。

回乡期间，叔对家人、对亲友，不谈他的作品、成就，只说在陕北、在三边的艰苦奋斗。晚饭后，聊家常。他让我把作文本拿给他看，还随手用钢笔改了改，笑着说："当编辑时间长了，看了文章就想拿笔修改。"

李庚棠：叔回来时，天不太冷了，他还穿着棉衣棉裤。听他说穿的是婶的棉裤，因为他自己的棉裤太旧了，太破了，回家要穿得好一些。那时，国家实行供给制，衣服是统一发的制服，男女装差别不太大。

叔在家停了四五天，探亲访友，访贫问苦，体验百姓生活。一位老街坊日子过得很艰难。他在当地收购烟叶，再手工切成烟丝出售。这活儿又苦又累，家里很脏还有怪味，一般人都不愿意去他家。小叔特意去看望他，问他家几口人，分了地没有。

李瑞棠：叔还去了街对面开理发店的徐家。徐师傅高高的个子，对人和气善良。他的媳妇说一口南方话。解放后我们才知道，他媳妇曾经是位红军战士，随部队转战南北。一次突围中，与部队失联，留在我们这里嫁人了。

李振三：那次回家，不论到哪儿，不论见谁，振鹏都话语殷切，反复、诚恳地对大伙说："现在是新中国了，大家日子会越来越好。要听政府的话，拥护咱们的人民政府。"

振鹏临走的前一天，我们兄弟几人去小庄给妈扫墓。他骑着马，我们几人骑脚踏车。到了妈的墓前，我们烧纸，放鞭炮，他始终没到跟前来。他站在那棵枣树旁，默默地面对着妈的坟，沉思良久。

……

1965年冬，爹去世。李季给我写信，随信还寄了些钱，他说自己实在回不去，让我回去主办丧事。信上特意嘱托，一定不要铺张浪费，请亲友们帮助办丧，并代他一一表示感谢。

解放后，爹年事已高，李季一人承担了爹的赡养费。爹去世后，他继续承担后娘的生活费，直到她也去世。

李青（李季侄孙女）记录并整理

2022年4月

后　记

去年7月21日，中国延安鲁艺校友会组织会员到中央戏曲学院校史馆参观。在此活动中，我结识了一个人，达成了一项口头协议。这个人是诗人李季的长子李江夏。江夏个子不高，热情厚道，和蔼可亲，虽然是刚刚见面，但说起话来就像分别已久的老朋友。我说，明年是李季先生诞辰100周年，如果能在这个纪念活动中出版一本书，应该是一件有意义的事，他十分赞同。

我对编写年谱有特殊的兴趣，编写年谱是我近二十年来的一项主要工作，曾有《舒群年谱》（作家出版社2013年版）、《刘炽年谱》（中国民俗摄影出版有限公司2020年版）等面市。我为什么选择编写《李季年谱》呢？主要是因为李季先生是我年轻时的偶像。那时，我是一个诗歌爱好者，一心想当诗人。尽管我知道我的语文能力很弱，形象思维能力也不强，根本不懂诗歌的意境，更不会运用诗歌语言，但我还是执迷不悟地一个心眼在诗歌的道路上前行。那时候，艾青、臧克家、贺敬之、郭小川、李季、闻捷、张志民、李瑛等人的诗作，就像中国大地上璀璨的群星。我是读着他们的诗，慢慢成长、慢慢变老的。

那次与江夏分开不久，我就收到他寄来的有关李季的很多资料，这是我二十多年在编年谱中收到资料最多的一次。其实，编写年谱最难的就是收集资料，没有资料寸步难行。一般来说，如果我一个人来编写一部年谱，大概需要三五年的时间。但这一次，不是我一个人在工作，而是一个群体，感谢国家图书馆的老师们、感谢本溪市图书馆的朋友们。还有远在老家的外甥王军也为该书的资料录制做了大量工作。

《李季年谱》形成初稿后，李家兄弟做了认真的审阅，反复地修改，使这部年谱内容更加厚重，史料更加翔实，文字更加简练。同时，书中还有很多亮点，比如，李季与一些作家交往的信件，李季在“文革”期间写的一些材料以及李季与很多老友交往的细节，这些鲜为人知的历史往事和珍贵的史料，都是第一次公开示人。

我在研读李季的材料时，他的人格魅力深深地感染了我。我以前一直认为李季只是一个文人，没想到在抗战中他还曾是八路军中的营指导员，他负过伤，参加过百团大战。作家孙犁在《悼念李季同志》一文中说：“他有一颗坚强的心，他对工作是兢兢业业的，对创作是孜孜不倦的。他有一颗热烈的心，对同志是视如手足，亲如兄弟，他所有的，是一颗诗人的赤子之心，天真无邪之心，这是他幼年参加革命时的初心，是他从根据地的烽烟炮火里带来的，因此，我可以说，他的这颗心从来没有变过，也是永远不会停止跳动的。”这段鲜活的文字，像一棵高大粗壮挺拔的大树，屹立在人世间。

今年是李季同志百年诞辰，感谢作家出版社出版这本年谱。

为一个人写年谱，特别是为一个有成就的作家编写年谱不是一件容易的事。由于时间短，写作太过仓促，年谱可能会有这样或那样的不足，敬请读者提出宝贵意见。

史建国

2022 年 4 月于北京天娇园

图书在版编目（CIP）数据

李季年谱 / 史建国编著．-- 北京：作家出版社，2025. 1. -- ISBN 978-7-5212-3141-0

Ⅰ. K825. 6

中国国家版本馆 CIP 数据核字第 2024UZ2044 号

李季年谱

编　　著：史建国
责任编辑：丁文梅　朱莲莲
封面设计：贾　莹
出版发行：作家出版社有限公司
社　　址：北京农展馆南里 10 号　　**邮　　编：**100125
电话传真：86-10-65067186（发行中心）
86-10-65004079（总编室）
E-mail:zuojia @ zuojia.net.cn
http://www.zuojiachubanshe.com
印　　刷：河北星强印刷有限公司
成品尺寸：155×220
字　　数：189 千
印　　张：15
版　　次：2025 年 1 月第 1 版
印　　次：2025 年 1 月第 1 次印刷
ISBN 978-7-5212-3141-0
定　　价：85.00 元

作家版图书，版权所有，侵权必究。
作家版图书，印装错误可随时退换。